U0630656

张卉妍 编著

跟任何人都聊得来

吉林出版集团股份有限公司

版权所有　侵权必究

图书在版编目（CIP）数据

跟任何人都聊得来 / 张卉妍编著 . -- 长春：吉林
出版集团股份有限公司，2019.4
ISBN 978-7-5581-6209-1

Ⅰ.①跟… Ⅱ.①张… Ⅲ.①心理交往 – 语言艺术 –
通俗读物 Ⅳ.① C912.11–49

中国版本图书馆 CIP 数据核字（2019）第 056638 号

GEN RENHE REN DOU LIAO DE LAI
跟任何人都聊得来

编　　著：张卉妍
出版策划：孙　昶
项目统筹：郝秋月
责任编辑：王　媛
装帧设计：韩立强
封面供图：摄图网
出　　版：吉林出版集团股份有限公司
　　　　　（长春市人民大街 4646 号，邮政编码：130021）
发　　行：吉林出版集团译文图书经营有限公司
　　　　　（http://shop34896900.taobao.com）
电　　话：总编办 0431-85656961　营销部 0431-85671728 / 85671730
印　　刷：天津海德伟业印务有限公司
开　　本：880mm×1230mm　　1 /32
印　　张：7
字　　数：200 千字
版　　次：2019 年 4 月第 1 版
印　　次：2019 年 4 月第 1 次印刷
书　　号：ISBN 978-7-5581-6209-1
定　　价：38.00 元

印装错误请与承印厂联系　　电话：022-82638777

　　跟人聊得来，到底有多重要？聊得来，我们才能保持在同一频道上顺畅沟通。

　　聊天不仅是一项艺术、一种能力，更是一门能够让你在社交活动中交到许多朋友的一门艺术。在这个世界上，你的说话技巧好一点儿，就能让你的世界宽一点儿。老板选择谈判代表，一定是选口才好的；情场上，能逗人开心的人总是比较受欢迎；职场上，会说话的人，总会比较受重视；会愉快聊天的人，也总能交到朋友并得到他们的帮助……相反，一个人如果沉默寡言，不善言谈，往往就会被冷落，很难与人交往。

　　现代社会需要机敏灵活、巧言妙语的口才高手。羞怯拘谨、不善表达的人，总会处在交际困难的尴尬中。有些人很有学问，可就是因为缺乏"嘴上的功夫"，而不受人们欢迎。有些人工作做得很出色，可一讲话就语无伦次，拘谨慌张，失去了很多晋升的机会。

　　俗话说，一言能兴邦，一言能丧国。也许有时你只是说话说得正高兴，没注意到和你谈话的人的情况，并非是故意的，却也在不知不觉中伤了人；也有可能真的是少了根筋，只顾自己痛快，忽视了他人感受。说话是一种技巧，不懂技巧、不会说话的人，必然处处碰壁，严重的还会给自己带来麻烦。

好口才在我们日常生活中具有举足轻重的作用。拥有好口才的人字字珠玑，口若悬河，幽默自信，言语间展现出令人心折的个人魅力，让听者如沐春风、心悦诚服。好口才不是天生的，而是可以在后天环境熏陶和有意识的培养下获得的。。

《跟任何人都聊得来》是一本交际口才指导书，选取了生活和工作中常见的口才实例，详细地介绍了一些常见的说话方法与技巧，告诉你在不同场合下，与不同的人如何打交道、交朋友，让你轻松成为一个会说话、会聊天、会做人的社交达人。

目录

第五章　学会倾听，别人才能聊得开

第六章　学会提问，你才能和别人聊得透

第七章　有分寸，和谁都能聊尽兴

第八章　会赞美，谁都愿意和你聊

第九章　懂心理，聊得停不下来

第十章 如何应对棘手的交谈

第一章

一开口，让所有人都喜欢你

亲善，是一切交流的基础

亲善的意思是"建立或重建和谐友好的关系"，也就是说，我们可以通过建立亲善关系，形成一种相互信任、相互满意和相互合作的人际关系。

亲善是人们建立亲密关系的首要条件，同时也是一切交流的基础。如果你没有和对方建立亲善关系，那么，哪怕是让孩子把鞋放入鞋柜里这样简单的事也会举步维艰，因为对方根本不会听你的。

一个总统有了这种与他人建立亲善关系的能力，可以和世界其他国家建立好关系，可以使国家的政府要员团结在他的周围，将自己推行的政策执行好。

一个公司总裁有了很好的人际关系的能力，他可以有效地和其他公司的总裁打交道，来完成自己的目标；他可以有效地在公司内部建立起自己的威信，来完成公司的业绩。

一个销售人员如有很好的人际关系能力，可以将他的产品有效地销出去；一个办公室职员有了很好的与他人建立亲善关系的能力，他可以处理好与同事以及上司的关系，这对他的升迁以及职场发展是极为有利的。

一个老师有很好的人际关系能力，他可以和学生、同事、领导处理好关系，使他的教学更有效果，使他的同事喜欢他，领导也会更重用他。

正如唐太宗所说："水能载舟，亦能覆舟。"人在社会中生存，人际关系既能推动你走向成功，同时也能让你顷刻间一无所有。所以，我们一定要注重与他人建立亲善的关系，因为它是一切交流的基础，同时也是我们的人生发展能否顺利的重要因素之一。

任何时候都要维护他人的自尊

余伟是一家食品店的老板，他的一名店员经常粗心大意地把商品的价格标签贴错，并由此引起了混淆和顾客的抱怨，余伟每次批评他，但他还是屡屡犯错。最后，余伟把这名店员叫进了办公室，任命他为价格标签的主管，负责将整个食品店货物架子上的标签都贴在合适的位置上。新头衔和职责让他的工作态度发生了彻底的改变，从此以后，他做的工作都很令人满意。

许多人自尊心非常强，不到万不得已不轻易求人。因为一旦乞求别人的帮助就意味着自己是弱者而对方是强者。正因为如此，我们在为别人提供帮助时，也要考虑自己的说话办事的方法，不要伤及对方的尊严，才能使他真正得到帮助。

一位女士讲述了她祖父的故事。当年祖父很穷，冬天来了，他没有钱买木柴，就去向一个富人借钱。富人爽快地答应借给他两块大洋，很大方地说："拿去花吧，不用还了！"

祖父犹豫了一下，还是接过钱，小心翼翼地包好，就匆匆往家里赶。富人冲他的背影又喊了一遍："不用还了！"

第二天大清早，富人打开院门，发现门口的积雪已被人扫过了。他在村里打听后，得知这事是借钱的人干的。

富人想了想，终于明白了：自己昨天的举动是给别人一份施舍。于是他让借钱人写了一份借条，约定以扫雪来偿还借款。

祖父用扫雪的行动提醒富人，任何人都有尊严。可见，即使是在帮助别人的过程中，也要考虑对方的感受，不要一副"施舍"的姿态，否则一片好心反而遭来怨恨，得不偿失。

发现他人优点，巧妙赞美

甲、乙两个猎人，各猎了两只兔子回来。甲的妻子看见后冷漠地说："你一天只打到两只小野兔吗？真没用！"甲猎人听到后很不高兴，心里埋怨起来，你以为很容易打到吗？第二天他故意空手而回，让妻子知道打猎是件不容易的事情。

相反，乙猎人回到家后，他的妻子看到他带回了两只兔子，欢天喜地地说："你一天打了两只野兔，真了不起！"听到赞美，乙猎人满心喜悦，心想两只算什么，结果第二天他打了四只野兔回来。

社会是由各种各样的人组成的，这些人都有不同的性格、兴趣爱好与生活习惯。有的人热情开朗，有的人沉静稳重，有的人性子急躁，有的人心胸狭窄。但是不管他们是哪种人，都喜欢被别人认可和赞美。上至古稀老人，下至3岁孩童，他们都希望得到人们的重视。

学会"乐道人之善"，与人相处时，要能看到对方的优点和长处，即使对于不喜欢的人，也不要抱有个人的成见和看法，只见"乌云"不见"太阳"。无论是对待同事、朋友、亲人，还是萍水相逢的陌生人，要多发现他们的长处，多学他们的优点，不能看自己是"一朵花"，看别人就是"满身疤"。我们经常会见到这样一种人：他对自己所做的工作一点一滴都记在心头、挂在嘴上，挑别人的毛病也绝无遗漏，说起来如数家珍。而对自己的毛病、别人的长处，则一概缄口不语。这种人往往为人们所不齿，被称为"不团结因子"。

"乐道人之善"，一方面要注意不能因为自己比别人做的工作多一点或能力强一点，就沾沾自喜，瞧不起别人；另一方面还要善于发现别人的优点、长处，对他人的工作成绩多加褒扬。这样，不仅显示出了自己虚怀若谷的风度，有益于团结，而且对自己的成长与进步也会大有好处。当然，对别人应该实事求是、恰如其分地赞美，如果不顾事实或夸大事实，效果可能会适得其反。

那么，从现在开始，与人交往的时候，请不要再吝啬你的美言了！

别人得意之事挂在嘴上，自己得意之事放在心里

小柯刚调到市人事局的那段日子里，几乎在同事中连一个朋友也没有，他自己也搞不清是什么原因。原来，他认为自己春风得意，对自己的机遇和才能满意得不得了，几乎每天都使劲向同事们炫耀他在工作中的成绩。但同事们听了之后不仅没有人分享他的"得意"，而且还极不高兴。后来，还是他当了多年领导的老父亲一语点破，他才意识到自己的症结到底在哪里。以后，每当他有时间与同事闲聊的时候，总是谈论对方的得意之事，久而久之，同事们都成了小柯的好朋友。

诚然，人在得意时都会有张扬的欲望，都想及时地把得意的事和大家分享，以显示自己的优越感，但是当你想谈论你的得意

时，要注意说话的场合和对象。你可以在演说的公众场合谈，也可以对你的家人谈，让他们以你为荣，引以为豪，但就是不要对失意的人谈。因为失意的人最脆弱，也最敏感，更容易触发内心的失落感。你的每一句得意之言都会在他心中形成鲜明的对比，你的谈论在他听来可能充满了嘲讽的味道，让失意的人感到你"看不起"他。一个周末，晓楠约了几个要好的朋友来家里吃饭，这些朋友彼此都是很熟悉的。晓楠把他们召集到一起，主要是想借着热闹的气氛，让一位目前正处于人生低潮的朋友心情好一些，希望他早点从低谷中走出来。

这位朋友在不久前因经营不善，关了一家公司，他的妻子也因为不堪生活的重负，正与他谈离婚的事。内外交迫，他实在痛苦极了，对生活也失去了信心。

来吃饭的朋友都很同情这位朋友目前的遭遇，也非常理解他现在的心情，因此大家都避免去谈那些与事业有关的事。但是其中一位朋友因为目前生意好，赚了很大一笔钱，按捺不住内心的喜悦，酒一下肚，就忍不住开始大谈他的赚钱本领和花钱功夫，那种得意的神情，连晓楠看了都很不舒服。那位失意的朋友沉默不言，心中的苦涩全写在脸上了，一会儿去拿东西，一会儿去抽烟，最后还是提早离开了。晓楠送他出去，在巷口，他愤愤地说："那家伙，会赚钱也不必在我面前说得那么神气。"

晓楠了解他的心情，因为在多年前她也有过低潮时期，曾经对生活绝望，每次有正风光的亲戚、朋友在她面前炫耀自己的薪水、奖金，那种感受就如同把针一枚枚插在心坎一般，说不出的心酸与痛苦。一般来说，失意的人较少具有攻击性，郁郁寡欢、沉默寡言、多愁善感是最普遍的心态，但别以为他们只是如此。

当他们听到你的得意言论后，他们普遍会产生一种心理——怨恨。这是压抑在内心深处的不满，你说得唾沫星子横飞、得意忘形，其实，不知不觉中已在失意者心中埋下一颗情绪炸弹。一般情况下，失意者对你的怨恨不会立即显现，因为他无力显现，但他会通过各种方式来泄恨，而最明显的则是疏远你，避免和你碰面，这样你就少了一个朋友，其他的朋友甚至也会孤立你，这样的结果得不偿失。

自己的得意事放在心里，别人的得意事挂在嘴边，只有铭记这一点，才不会被人讨厌，才有可能真正被人接纳，找到成事的"切入点"，让自己的人生多一条坦途，少一分牵绊。

不要时时都去争口头上的胜利

每个人都不愿意认输，不愿意承认自己错了。与人争论时，要考虑对方的这种心理，不必硬要分出胜负，得理也让人三分，别人心里定会心存感激，至少不会与你为敌。

总是喜欢争口头上胜利的人，渐渐地会形成一种习惯：不管自己有理无理，一旦用到嘴巴，他绝不会认输，而且也不会输，因为他有本事抓你语言上的漏洞，也会转移战场，四处攻击，让你毫无招架之力；虽然你有理，他无理，但你就是拿他没办法。

在辩论会、谈判桌上，这种人也许是个人才，但在日常生活和工作场合中，这种人反而会吃亏，因为日常生活和工作场合不是辩论场，也不是会议场和谈判桌，你面对的可能是能力强但口才差，或是能力差、口才也差的人，你辩赢了前者，并不表示你的观点就是对的，你辩赢了后者，只突显你只是个好辩之徒。

而一般常见的情形是，人们虽然不敢在言语上和你交锋，但对的事情大家心知肚明，反而会同情"辩"输的那个人，你的意见并不一定会得到支持，而且别人因为怕和你在言语上交锋，只好尽量回避你。如果你得理还不饶人，把对方"赶尽杀绝"，让他没有台阶下，那么你已种下仇恨的种子，这对你绝对不是好事。

你应该也有过这样的休会，一个人在提出自己的意见后，一旦遭到全盘否定，人的自尊心往往使他采取以牙还牙式的反抗。这种心理反应会极大地阻碍谈判的顺利进行。相反，一个人在提出自己的意见后，一旦受到某种程度的肯定和重视，人的自尊心会引导心理活动形成一种兴奋，这种兴奋会给人带来情感上的亲善体验和理智上的满足体验。这种体验一旦发生，就会有利于纠纷的调解，使争执双方的意见达成一致。

弱势时打张感情牌，激发同情心

正所谓"以情动人"，"情"最能开启人的心扉，真正唤起别人的共鸣和认同。

在美国经济大萧条时期，有一位17岁的姑娘好不容易才找到一份在高级珠宝店当售货员的工作。在圣诞节的前一天，店里来了一位30岁左右的贫民顾客，他衣衫褴褛，一脸的悲哀、愤怒，他用一种不可企及的目光盯着那些高级首饰。

这位姑娘要去接电话，一不小心，把一个碟子碰翻，六枚精美绝伦的金戒指落到地上，她慌忙捡起其中的五枚，但第六枚怎么也找不着。这时，她看到那个30岁左右的男子正向门口走去，顿时，她知道了戒指在哪儿。

当男子的手将要触及门柄时，姑娘柔声叫道："对不起，先生！"

那男子转过身来，两个人相视无言，足足有一分钟。

"什么事？"他问，脸上的肌肉在抽搐。

姑娘一时竟不知说些什么。

"什么事？"他再次问道。

"先生，这是我的第一份工作，现在找个事做很难，是不是？"姑娘神色黯然地说。

男子长久地审视着她，终于，一丝柔和的微笑浮现在他脸上。

"是的，的确如此。"他回答，"但是我能肯定，你在这里会干得不错。"

停了一下，他向前一步，把手伸给她："我可以为你祝福吗？"

他转过身，慢慢走向门口。姑娘目送着他的身影消失在门外，转身走向柜台，把手中握着的第六枚金戒指放回了原处。试想，如果这位姑娘怒骂，甚至叫来警察，也可能找回戒指，但姑娘的"饭碗"还保得住吗？

曹丕和曹植都是曹操的儿子，均能辞赋。在文学史上，父子三人合称"三曹"。曹操被汉献帝封为魏王后，在诸子中选立自己的继承人。长子曹丕虽被确定为继承人，但觉得自己的地位很不稳固，认为弟弟曹植是自己强有力的竞争者，也未放弃希望。于是，两个人都想方设法争宠于曹操。

有一次，曹操要率大军出征，曹丕与曹植都前去送行。临别时，曹植做了一篇洋洋洒洒的散文，极力称颂父王功德，并当众朗诵得声情并茂，使得曹操和他的左右文武大臣万分高兴。曹植也因此受到众人的夸奖。曹丕怅然若失。这时，他的谋士吴质悄悄建议他做出流涕伤怀的样子。等到曹操出发时，曹丕什么话也不说，只是泪流满面，趴在地上，悲伤不已，为父王将要出生入死而担忧。他一边哭着一边跪拜，祝愿父王与将士平安。

这样一来，形势大转。曹操和左右大臣都认为曹植虽能说会道，但华而不实，论心地诚实仁厚远不如曹丕。一番考察和鉴别之后，曹操最终把曹丕定为自己的继承人。

曹丕心里知道，曹植才华横溢，而自己处于弱势，如果和他硬拼，无异于鸡蛋碰石头。于是，曹丕打出了感情牌，以父子之情感动曹操，最终达到了目的。由此可见，弱势地位并非没有好处，如果能够巧妙地运用自己的弱势，从情感上打动对方，也能够顺利获得帮助。

不把别人比下去，不被别人踩下去

每个人都难免有一些嫉妒心，你太优秀、太耀眼，难免刺伤别人的自尊心和虚荣心。想想看，当你将所有的目光和风光都抢尽了，却将挫败和压力留给别人，那么别人在你的光芒的压迫之下，还能够过得自在、舒坦吗？

有才却不善于隐匿的人，往往招来更多的嫉恨和磨难。唐人孔颖达，字仲达，8岁上学，每天背诵一千多字。长大后，很会写文章，也通晓天文历法。隋朝大业初年，举明高第，授博士。隋炀帝曾召天下儒官，集合在洛阳，令朝中士与他们讨论儒学。孔颖达年纪最小，道理却说得最出色。那些年纪大、资深望重的儒者认为孔颖达超过他们是耻辱，便暗中刺杀他。孔颖达躲在杨志感家里才逃过这场灾难。到唐太宗，孔颖达多次上诉忠言，因此得到了国子司业的职位。太宗来到太学视察，命孔颖达讲经。太宗认为讲得好，下诏表彰他，但后来他却辞官回家了。

南朝刘宋王僧虔，是东晋名士王导的孙子，宋文帝时官为太子庶子，武帝时为尚书令。年轻的时候，王僧虔就以擅长书法闻名。宋文帝看到他写在扇面上的字，赞叹道："不仅字超过了王献之，风度气质也超过了他。"当时，宋孝武帝想以书名闻天下，王僧虔便不敢显露自己的真迹。大明年间，他曾把字写得很差，因此平安无事。

要想使自己免遭嫉妒者的伤害，你需要注意自己的言行，尽量不要刺激对方的嫉妒心理。对于你周围的嫉妒者，可回避而不宜刺激。同事的嫉妒之心就像马蜂窝一样，一旦捅它一下，就会招来不必要的麻烦。既然嫉妒是一种不可理喻的低层次情绪，就没必要去计较你长我短、你是我非，更不必针锋相对，非弄个水落石出、青红皂白不可。须知，这不是学术讨论，更不是法庭对峙，你的对手不会用逻辑、情理或法律依据与你争锋的。

事实上，嫉妒之人本来就不是与你处在同一档次上，因而任何据理力争都会使你吃亏，浪费时间，虚掷精力，最佳的应对方式是胸怀坦荡、从容大度。对嫉妒者的种种雕虫小技，完全可以视若不见、充耳不闻，以更为出色的成绩来证实自己的实力。

成全别人的好胜心，成就自己的获胜心

汉初良相萧何，今江苏沛县人，曾任沛县主吏掾、泗水郡卒吏等职，持法不枉害人。秦末随刘邦起兵反秦，刘邦进入咸阳，萧何把相府及御史府的法律、户籍、地理图册等收集起来，使刘邦知晓天下山川险要、人口、财力、物力的分布情况。项羽

称王后，萧何劝说刘邦接受分封，立足汉中，养百姓，纳贤才，收用巴蜀二郡的赋税，积蓄力量，然后与项羽争天下。为此他深得刘邦信任，被任为丞相。他极力向刘邦举荐韩信，认为刘邦要取得天下非用韩信不可。后来韩信在楚汉战争中的才干证明萧何慧眼识人。楚汉战争中，萧何留守关中，安定百姓，征收赋税，供给军粮，支援了前方的战斗，为刘邦最后战胜项羽提供了物质保证。西汉建立后，刘邦认为萧何功劳第一，封他为侯，后被拜为相国。萧何计诛了韩信后，刘邦对他就更加恩宠，除对萧何加封外，刘邦还派了一名都尉率五百名士兵作相国的护卫。

当天，萧何在府中摆酒庆贺。有一个名叫召平的人，穿着白衣白鞋，进来对萧何说："相国，您的大祸就要临头了。皇上在外风餐露宿，而您长年留守在京城，您既没有什么汗马功劳，又没有什么特殊的勋绩，皇上却给您加封，又给您设置卫队，这是由于最近淮阴侯在京谋反，因而也怀疑您了。安排卫队保卫您，这可不是对您的宠爱，而是为了防范您。希望您辞掉封赏，再把全部私家财产都捐给军用，这样才能消除皇上对您的疑心。"

萧何听从了他的劝告，刘邦果然很高兴。同年秋天，英布谋反，刘邦亲自率军征讨。他身在前方，每次萧何派人输送军粮到前方时，刘邦都要问："萧相国在长安做什么？"使者回答，萧相国爱民如子，除办军需以外，无非是做一些安抚、体恤百姓的事。刘邦听后默不作声。使者回来后告诉萧何，萧何也没有识破刘邦的用心。

有一次，萧何偶然和一个门客谈到这件事，这个门客忙说："这样看来您不久就要被满门抄斩了。您身为相国，功列第一，还能有比这更高的封赏吗？况且您一入关就深得百姓的爱戴，到现在已经十多年了，百姓都拥护您，您还在想尽办法为民办事，以此安抚百姓。现在皇上所以几次问您的起居动向，就是害怕您借关中的民望而有什么不轨行动啊！如今您何不贱价强买民间田宅，故意让百姓骂您、怨恨您，制造些坏名声，这样皇上一看您也不得民心了，才会对您放心。"

萧何说："我怎么能去剥削百姓，做贪官污吏呢？"门客说："您真是对别人明白，对自己糊涂啊！"萧何又何尝不知道这个道理，为了消除刘邦对他的疑忌，只得故意做些侵夺民间财物的坏事来自污名节。不多久，就有人将萧何的所作所为密报给刘邦。刘邦听了，像没有这回事一样，并不查问。当刘邦从前线撤军回来，百姓拦路上书，说相国强夺、贱买民间田宅，价值数千万。刘邦回长安以后，萧何去见他时，刘邦笑着把百姓的上书交给萧何，意味深长地说："你身为相国，竟然也和百姓争利！你就是这样'利民'吗？你自己向百姓谢罪去吧！"刘邦表面让萧何自己向百姓认错，补偿田价，可内心里却窃喜。对萧何的怀疑也逐渐消失。

感激之情要溢于言表

中国是有着五千年文化传统的礼仪之邦，中国人向来是重感情的，但含蓄内敛的天性又使得我们不善于表达自己内在的感情。在人们的日常生活和社会交往中，"谢谢"这两个字具有非凡的社交魅力。

很多人并非不想表达他们的感激之情，只是不知道该如何开口，所以选择了沉默。还有些人，他们充满感情的表达却让对方感到不自在。善于表达，懂得说"谢谢"的社交高手总是在表达的时候让人感到内心的愉悦。

当然，在人际交往中，怎样说"谢谢"应注意以下几点。

1. 言为心声

"谢谢"应该是心中一腔感激之情在语言上的自然流露。要做到声情并茂，语调欢快，吐字清晰，而不能含混不清、嘟嘟哝哝。而且说"谢谢"时，眼睛要看着被感谢人，脸上应有诚恳、生动的表情，并配以恰当的手势动作。不过，动作不要夸张死板。可以设想一下，您在感谢时，倘若手舞足蹈、举止轻浮，一下子拍拍对方的肩，一下子拉拉对方的手；或者表情木然，低着头或看着别人，那么，对方肯定会心生不快之感。

2. 注意场合

如果与对方单独在一起时，对其表示感谢，一般会有好效果，也不会使被感谢人难堪。同时，还要注意双方的关系。例如，双方是一般熟人或同事关系，可以用直接"感谢您""非常感谢"之类的话。可用称赞语或陈述语来表达谢意。儿子对妈妈就可以说："妈妈，您真好，是天底下最好的妈妈。"

3. 形式多样

有对对方个人的感谢，也有对对方单位的感谢；有对对方行为的感谢，也有对对方人品的感谢；有个人之间的感谢，有群体之间的感谢，还有国家之间的感谢；有口头的感谢，有电话感谢，有信函感谢。应选用恰当的类型与渠道表示感谢，例如做客时受到盛情款待，可以在第二天打电话表示感谢。如果是公事访问，可以在访问之后用电报信函方式表示感谢。

要记住：与别人交往时，"感激之情要溢于言表"，一声源自内心的感激，一定会赢得别人的心。此外，表达感激时最重要的是要端正自己的态度，表达你的感激时最好要专注地看着对方，这样你的话才显得是出于真心的，你的感情才显得真挚。

关怀的理念

对人关心和体贴，自然会让人感到温暖。多说这一类的话，会赢得感激。体贴，代表了对别人的爱护、关切和照顾。歌曰："只要人人都献出一点爱，世界将变成美好的人间。"对别人体贴就是对别人献出了爱，别人受爱的感化，也会以爱相回报。体贴会换来友爱，换来真诚，而"友爱"和"真诚"是每个人都需要的。有些人不是慨叹这世上"友爱"和"真诚"太少了吗？其实，只要问问他："你又给过别人多少体贴呢？"恐怕回答起来就很尴尬了。

平常你的朋友身体健康、精力充沛，在工作上也颇得心应手，单位内的人都认为他很有前途。可是有一天，他显露出悲伤的脸色，很可能是家中出现了问题。

他虽不说出来，一直在努力地抑制，可总会自然而然地在脸上流露出苦恼的表情。平时为了不让下属知道，他不得不极力装得若无其事。你们共进午餐后，他用呆滞的眼神望着窗外。此时，他那脸色，已失去了朝气。你对这种变化，不能不予以注意。你尽你最大的设想，找出他真正苦恼的原因，并对他说："小王，家里都好吗？"以假装随意问安的话，来开启他的心灵。

"不！我正头痛呢，我太太突然病倒了！"

"什么？你太太生病了！我怎么一点都不知道？现在怎么样？"

"其实也不需要住院，医生让她在家中疗养。太太生病后，我才感到诸多不便。"

"难怪呢！我觉得你的脸色不好，我还以为你有什么心事，原来是你太太生病了。"

"想不到你的观察力这么敏锐，我真佩服你。"

他一面说着，一面露着从未有过的笑容，此刻可以知道你成功了。在他最脆弱的时候去安慰他，这才是你应该去做的。朋友由于悲伤，故心里呈现出较脆弱的一面。此时，不应再去刺激他，而应当设法让他悲伤的心情逐渐淡化。朋友有烦恼，在尚不为人知晓前，你应主动设法了解，相信你的这份善意，大部分人会受感动的。

说话的魅力在于真诚

真诚的语言是最能打动人的，巧妙地运用充满真情实意的话语，可以促使说者与听者产生情感共鸣，可以使双方的关系变得融洽，从而营造出一种良好的沟通氛围，赢得良好的人际关系，为成功创造有利的条件。

1915年，小洛克菲勒还是科罗拉多州一个不起眼的人物。当时，发生了美国工业史上最激烈的罢工，并且持续两年之久。愤怒的矿工要求科罗拉多燃料钢铁公司提高薪水，小洛克菲勒正负责管理这家公司。由于群情激奋，公司的财产遭受破坏，军队前来镇压，导致不少罢工工人被射杀。

那种情况，可以说是民怨沸腾。但小洛克菲勒后来却赢得了罢工者的信服，他是怎么做到的呢？

原来，小洛克菲勒花了好几个星期结交朋友，并向罢工者代表发表了一次充满真情的演说。那次的演说可谓不朽，它不但平息了众怒，还为他自己赢得了不少赞誉。演说的内容是这样的：

"这是我一生当中最值得纪念的日子，因为这是我第一次有幸能和这家大公司的员工代表见面，还有公司行政人员和管理人员。我可以告诉你们，我很高兴站在这里，有生之年都不会忘记这次聚会。假如这次聚会提早两个星期举行，那么对你们来说，我只是个陌生人，我也只认得少数几张面孔。由于上个星期以来，我有机会拜访整个附近南区矿场的营地，私下和大部分代表交谈过，我拜访过你们的家庭，与你们的家人见过面，因而现在我不算是陌生人，可以说是朋友了。基于这份友谊，我很高兴有这个机会和大家讨论我们的共同利益。由于这个会议人员是由出资方和劳工代表所组成的，承蒙你们的好意，我得以坐在这里。虽然我并非股东或劳工，但我深觉与你们关系密切。从某种意义上说，也代表了出资方和劳工。"

这样一番充满真诚的话语，可能是化敌为友的最佳途径。假如小洛克菲勒采用的是另一种方法，即与矿工们争得面红耳赤，用不堪入耳的话骂他们，或用话暗示错在他们，用各种理由证明矿工的不是，那结果只能是招惹更多怨恨和暴行。

此外，在人际交往中，我们经常会遇到"祝贺"这种交往形式，一般是指对社会生活中的人或事表示良好的祝愿和热烈的庆贺。通过祝贺表示你对对方的理解、支持、关心、鼓励和祝愿，以抒发情怀，增进感情。

祝贺的语言要真诚、富有感情色彩，语气、表情、姿态等都要有情感性。这样才会有较强的鼓动性与感染力，才能达到抒发感情、增进友谊的目的。

道歉也是人际交往中常见的交流活动。为人处世，犯错误总是难免的，毕竟"人非圣贤，孰能无过"。但是犯错误后的态度非常重要。所以犯错误后，我们首先要坦率承认、真诚道歉。

你道歉的时候态度真诚，别人就会原谅你。相反，有的人在犯错后态度极差，道歉时让人看不到一丝真诚，有的甚至根本就不道歉，只是一味地为自己辩解，结果使彼此之间的裂痕越来越大。

古人云："有朋自远方来，不亦乐乎！"可以说，充满真诚、以诚暖人是交友沟通、打动人心的重要因素，是赢得知心朋友的关键所在。

让对方表现得比你出色

每个人都希望自己比别人优秀，我们在对待朋友时，要尽量让其表现得比你出色，这样既表现出自己的谦虚，又让朋友喜欢你，达到融洽的交际关系，两全其美的事情，何乐而不为呢？

法国哲学家罗西法古说："如果你要得到仇人，就表现得比你的朋友优越吧；如果你要得到朋友，就要让你的朋友表现得比你优越。"

为什么这句话是事实呢？因为当我们的朋友表现得比我们优越，他们就有了一种自己是重要人物的感觉，但是当我们表现得比他还优越，他们就会产生一种自卑感，就羡慕和嫉妒。

纽约市中区人事局最有人缘的是亨丽塔，但是过去的情形并不是这样。在她初到人事局的头几个月当中，亨丽塔连一个朋友都没有。为什么呢？因为每天她都使劲吹嘘她在工作介绍方面的成绩、她新开的存款户头，以及她所做的每一件事情。

"我工作做得不错，并且深以为傲，"亨丽塔对拿破仑·希尔说，"但是我的同事不但不分享我的成就，而且还极不高兴。我渴望这些人能够喜欢我，我真的很希望他们成为我的朋友。在听了你提出来的一些建议后，我开始少谈我自己而多听同事说话。他们也有很多事情要吹嘘，把他们的成就告诉我，比听我吹嘘更令他们兴奋。现在当我们有时间在一起闲聊的时候，我就请他们把他们的欢乐告诉我，好和我分享，而只在他们问我的时候我才说一下我自己的成就。"

无论你采取什么方式指出别人的错误：一个蔑视的眼神，一种不满的腔调，一个不耐烦的手势，都有可能带来难堪的后果。你以为他会同意你所指出的吗？绝对不会！因为你否定了他的智慧和判断力，打击了他的自尊心，同时还伤害了他的感情。他非但不会改变自己的看法，还要进行反击，这时，你即使搬出所有柏拉图或康德的逻辑也无济于事。

永远不要说这样的话："看着吧！你会知道谁是谁非的。"这等于说："我会使你改变看法，我比你更聪明。"—— 这实际上是一种挑战，在你还没有开始证明对方的错误之前，他已经准备迎战了。为什么要给自己增加困难呢？

有一位年轻的纽约律师，他参加了一个重要案子的辩论，这个案子牵涉到一大笔钱和一项重要的法律问题。在辩论中，一位最高法院的法官对年轻的律师说："海事法追诉期限是 6 年，对吗？"

律师愣了一下，看看法官，然后率直地说："不。庭长，海事法没有追诉期限。"

这位律师后来说:"当时,法庭内立刻静默下来。似乎连气温也降到了冰点。虽然我是对的,他错了,我也如实地指了出来,但他却没有因此而高兴,反而脸色铁青,令人望而生畏。尽管法律站在我这边,但我却铸成了一个大错,居然当众指出一位声望卓著、学识丰富的人的错误。"

这位律师确实犯了一个"比别人正确的错误"。在指出别人错了的时候,为什么不能做得更高明一些呢?

因此,我们对于自己的成就要轻描淡写。我们要谦虚,这样的话,才会受到欢迎。

要比别人聪明,但不要告诉人家你比他更聪明。

最重要的第一句话

初次见面的第一句话,会给对方留下很深的印象。说好说坏,关系重大。说第一句话的原则是:消除陌生感。常见的有3种方式:

1. 攀认式

初次见面,同对方说:"你是××大学毕业生,我曾在××进修过两年。说起来,我们还是校友呢!""您是影视界老前辈了,我爱人可是个电影迷。你我真是'近亲'啊!""您来自河北,我出生在河南,两地近在咫尺,今天得遇同乡,令人欣慰。"

2. 敬慕式

对初次见面者表示敬重、仰慕,这是热情有礼的表现。用这种方式必须注意:要掌握分寸,恰到好处,不能胡乱吹捧,不说"久闻大名,如雷贯耳"之类的过头话。表示敬慕的内容也应该因时因地而异。

例如："您的大作《教你能说会道》我读过多遍，受益匪浅。想不到今天竟能在这里一睹作者风采。""桂林山水甲天下。我很高兴能在这里见到您这位著名的山水画家。"

3. 问候式

"您好"是向对方问候致意的常用语。如能因对象、时间的不同而使用不同的问候语，效果则更好。对德高望重的长者，宜说"您老人家好"，以示敬意；对年龄跟自己相仿者，称"老×（姓），您好"，显得亲切；对方是医生、教师，说"李医师，您好""王老师，您好"，有尊重意味。节日期间，说"节日好""新年好"，给人以祝贺节日之感；早晨说"您早""早上好"则比"您好"更得体。

用诙谐的话加深恋人间的感情

不论单身的朋友还是热恋中的男女，都应重视幽默在恋爱中的作用。

那些在女人面前很"吃得开"的男人，不管长相如何，都有一套逗人发笑的本领。只要一与这种人接近，就可以立即感受到一股快乐的气息，使人喜欢与他为友。一个整天板着面孔，不苟言笑的"老古板"，是绝对不会受到女孩子们欢迎的。不少情感心理学研究者认为，男人由于平时比女人话少，所以，男人的语言就更被女人所注意。不少男人也正是利用幽默的手段来填补自己语言的匮乏，所以，他的魅力便永驻于人们对他的幽默的回味之中。

家庭之中夫妻争吵是一种普遍现象，不论是伟人还是普通人莫不如此，怨怒之中如果即兴来一两句幽默话，往往会使形势急转而下。人们常说"夫妻没有隔夜的仇"，更多的时候都是这种豁达的幽默消除了隔阂。

男女朝夕相处，小吵小闹有时反会拉近夫妻间的距离，同时也使内心的不满得以宣泄，如果再加上幽默、机智的调侃，无疑使夫妻双方得到一次心灵的净化，保证了家庭生活的正常运行，请看下面这几对夫妻的幽默故事。

驾车外出途中，一对夫妻吵了一架，谁都不愿意先开口说话。最后丈夫指着远处农庄中的一头驴说："你和它有亲属关系吗？"妻子答道："是的，夫妻关系。"

妻子："每次我唱歌的时候，你为什么总要到阳台上去？"

丈夫："我是想让大家都知道，不是我在打你。"

新婚之夜，新郎问道："亲爱的，告诉我，在我之前，你有几个男朋友？"

沉默。

"生气了？"新郎想，过了片刻又问，"你还在生气？"

"没有，我还在数呢！"

结婚多年，丈夫却时时需要提醒才能记起某些特殊的日子。在结婚 35 周年纪念日早上，坐在桌前吃早餐的妻子暗示："亲爱的，你意识到我们每天坐的这两把椅子已经用了 35 年了吗？"丈夫放下报纸盯着妻子说："哦，你想换一把椅子吗？"

亨利的妻子临睡前絮絮叨叨的谈话令他十分不快。一天夜里，妻子又絮叨了一阵后，对亨利说："家里的窗门都关上了吗？"亨利回答："亲爱的，除了你的话匣子外，该关的都关了。"

以上五则故事中的夫妻的幽默话均恰到好处地表达了自己怨而不怒的情绪。有丈夫对妻子缺点的抗议，也有妻子对丈夫多疑的抗议，但其幽默的回答均不至于使对方恼羞成怒。妻子用夫妻关系回敬丈夫是一头驴，用数不完的情人来指责新郎的无端猜忌，丈夫用巧言指责妻子的絮叨，这幽默的话语听上去自然天成，又诙谐有趣。这些矛盾同样有可能发生在我们每一个家庭之中，有时却往往因为两三句出言不逊的气话而使矛盾激化。

许多夫妻都有过类似的经历，无谓的争吵随时都会发生，一旦发生又会因愤怒很快失去理智，直至闹得不可开交，甚至拳脚相加。在日常生活中，我们常看到这种情景，在公共场合彬彬有礼的谦谦男子或女士，在家人面前同样也会为一些小事而大动肝火，有时即使是恩爱夫妻也不可避免地争吵，双方似乎都失去了理智，哪壶不开偏提哪壶，专揭对方的痛处、短处解气，唇枪舌剑，互不相让；及至冷静下来，才发觉争吵的内容原来是那样无聊。殊不知忍一时风平浪静，退一步海阔天空，多用少动气不是一样也可占尽心理上的优势吗？一家之主的男人应该以博大的胸怀包容妻子的一切不满，这是上帝在亚当夏娃时代便定下的规矩。

总的来说，在两个人的世界里，幽默可以发挥令人意想不到的效果，它可以增进恋人之间的感情，调节气氛，制造亲切感，它还可以消除疲劳和紧张感，使两个人都能够轻松、快乐地面对生活。

怎样快速让陌生人对你产生好感

在我们的一生中，经常可以遇到这种情况：必须和一群不认识的人打交道。打破与他们之间的界限，消除无形的隔膜，顺利地把自己的意见和思想传达、灌输给他们，使他们能欣然接受，甚至把他们变成自己的朋友，要做到这些绝对需要不凡的智慧。

当今世界人际交往极其频繁，善于跟素昧平生者打交道，掌握"一见如故"的诀窍，不仅是一件快乐的事，而且对工作和学习大有裨益。那么，如何才能做到"一见如故"呢？请看下面的例子。

威尔逊刚当选新泽西州州长后不久，有一次赴宴，主人介绍说他是"美国未来的大总统"，这本来是对他的一种恭维，而威尔逊又是怎样回应的呢？首先威尔逊讲了几句开场白，之后接着说："我转述一则别人讲给我听的故事，我就像这故事中的人物。在加拿大有一群钓鱼的人，其中有位名叫约翰逊的人，他大胆地试饮某种烈酒，并且喝了很多。结果他们乘火车时，这位醉汉没乘往北的火车，而错乘往南的火车了。其他人发现后，急忙打电报给往南开的列车长：'请把那位叫作约翰逊的人送到往北开的火车上，他喝醉了。'约翰逊既不知道自己的姓名也不知道目的地是哪儿。我现在只确定知道自己的姓名，可是不能如你们所说的一样，确实知道自己的目的地是哪儿。"听众哈哈大笑。

富兰克林·罗斯福刚从非洲回到美国，准备参加 1912 年的参议员竞选。因为他是西奥多·罗斯福的侄子，又是一位有名的律师，自然知名度很高。在一次宴会上，大家都认识他，但罗斯福却不认识所有的来宾。同时，他看得出虽然这些人都认识他，然而表情却都很冷漠，似乎看不出对他有好感的样子。

罗斯福想出了一个接近这些自己不认识的人并能同他们搭话的主意。于是他对坐在自己旁边的陆思瓦特博士悄声说道："博士，请你把坐在我对面的那些客人的大致情况告诉我，好吗？"陆思瓦特博士便把每个人的大致情况告诉了罗斯福。

了解大致情况后，罗斯福借口向那些不认识的客人提出了一些简单的问题，经过交谈，罗斯福从中了解到他们的性格特点和爱好，知道了他们曾从事过什么事业，最得意的是什么。掌握这些后，罗斯福就有了同他们交谈的话题，并引起了他们的兴趣。在不知不觉中，罗斯福便成了他们的新朋友。

1933年，罗斯福当上了美国总统，他依然采取和不认识者"一见如故"的说服术。美国著名的新闻记者麦克逊曾经对罗斯福总统的这种说服术评价道："在每一个人进来谒见罗斯福之前，关于这个人的一切情况，他早已了如指掌。大多数人都喜欢顺耳之言，对他们做适当的颂扬，就无异于让他们觉得你对他们的一切事情都是知道的，并且都记在心里。"

当你有机会预先知道你将遇见一位陌生人，那么你就要预先向你们双方都认识的朋友们，探听一下对方的情形。关于他的职业、兴趣、性格、过去的历史等，你能够知道得越详细越好。不过，在其中的某些方面，你要提防，你的朋友或许对这位你将认识的人有偏见。当你走进那位陌生者的住所时，你要能够善于观察，看看能不能找到一些线索使你对于他了解得更多一点。

在主人公的墙上，常常会找到了解对方的线索。要知道那墙上的东西，不同那些笨重的桌椅家具。一般家庭的家具往往不是完全根据主人公的口味购置的，也不是随时可以更换的东西。可是墙上、桌子上、窗台上那些装饰、摆设，却常常展示着主人公喜爱的情调。如果你能把这些当作一个线索，不仅可以由此深入了解主人公的某一方面，同时也可能使你对人生、对世界增加一些见识。

只要你能加以留心，在你所到过的别人的房间里面，无论是新交的，还是旧识的，你都可以发现主人公的精神世界里许多宝贵的东西。

你只要能够欣赏这些宝贵的东西，你不但可以交到无数的亲切知心的好友，在你本来认为平庸无奇的人身上发现许多值得你敬佩的品德，而且也会使你自己的心胸日益开阔，使你自己的人生日益丰富起来。

墙上挂着什么画呢？

是什么画家的画呢？

如果墙上挂的是些摄影，你能不能因此揣测对方是一个摄影的爱好者呢？

如果他挂的是自己的杰作，你能不能因此晓得他个人对摄影的情趣爱好？

如果他所摄的景物不是本地的风光，是不是可以从这里了解一下他过去的行踪呢？

他会告诉你这是他在何地拍摄的，往往因此会引起一段主人公最有兴趣、最想让别人知道的故事，也因此会引起一段极愉快、极投机的谈话。

把拒绝的话说得幽默些

拒绝的话一向不好说，说不好就很容易得罪人。因此拒绝他人时，要讲究策略，最重要的一点就是含蓄委婉。而幽默地拒绝正能巧妙地体现这一点。用幽默的方式拒绝别人，有时可以故作神秘、深沉，然后突然点破，让对方在毫无准备的大笑中失望。

有一位"妻管严"，被老婆命令周末进行大扫除。正好几个同事约他去钓鱼，他只好回答："其实我是个钓鱼迷，很想去的。可成家以后，周末就经常被没收了啊！"同事们哈哈大笑，也就不再勉强他了。

拒绝的话用幽默的方式表达出来，达到拒绝目的的同时，让别人很愉快地接受了。

意大利音乐家罗西尼生于1792年2月29日，因为每4年才有一个闰年，所以等他过第18个生日时，他已72岁了。他说这样可以省去许多麻烦。在过生日的前一天，一些朋友来告诉他，他们集了两万法郎，要为他立一座纪念碑。他听了以后说："浪费钱财！给我这笔钱，我自己站在那里好了！"

罗西尼本不同意朋友们的做法，但他没有正面回绝，而是提出一个不切实际的想法："给我这笔钱，我自己站在那里好了！"含蓄地指出朋友的做法太奢侈，点明其不合理性。

此外，还可以用假设的方法，虚拟出一个可能的结果，从而产生一个幽默的后果，而这个后果正好是你拒绝的理由。这样，不仅不会引起不快，反而可能给对方一定的启发。

著名剧作家萧伯纳的辞爱方式，可以说是辞爱的经典。

有一日，萧伯纳收到著名舞蹈家邓肯的求爱信，她在情信中写道："如果我们结合，有一个孩子，有着和你一样的脑袋，和我一样的身姿，那该多美妙啊！"

萧伯纳看了信后，很委婉而又很幽默地回了她一封信，他在回信中说："依我看那个孩子的命运不一定会那么好，假如他有我这样的身体，你那样的脑袋岂不糟糕了吗？"

这位美女演员收到信以后，明白了萧伯纳的拒绝之意。她失望地离开了，但她一点也不恨萧伯纳，反而成了他最忠实的读者和好朋友。

不管对于中国人还是外国人，拒绝别人的话总是不好说出口，但拒绝的话又不得不说出口。这时不妨用幽默的方式说出拒绝的话，抹去对方遭到拒绝时的不愉快感。

说话时注意维护朋友的面子

一般来说，人们对于自尊心往往存有不容侵犯的保护意识，因此，一旦个人的自尊心遭受侵犯或攻击时，即使对方过后表示歉意，恐怕也已无法弥补双方已损伤的关系。

相反地，如果你能顾及对方的自尊心，处处为对方的自尊心着想，那么，对方必然会因此对你表示友好与感谢。

举例来说，当大伙正在围桌谈笑时，有一个人讲了一个笑话，结果使得全场捧腹大笑，气氛十分欢乐。然而，在这些笑声还未平息之际，突然有另一个人说道："这的确是一则有趣的笑话，不过我在上个月的某本杂志中早就看过了。"或许这人的目的在于表现其优越感，但他所获得的真正评价是什么呢？而那个当初说笑话的人，此时的感受又如何呢？你可以体会得到。

俄国作家屠格涅夫有一次在街上散步，一个穷人走过来向他乞讨。他伸手到口袋里摸了好一会儿，抱歉地说："兄弟啊，对不起，实在对不起，我没带吃的东西出来，钱袋也丢在家里了。"那人突然紧紧地拉住了他的手，连声说："谢谢您，谢谢您！"屠格涅夫既惭愧又惊异地问："你谢我什么呢？"那人回答："我原来只是想找点东西吃了以后就去自杀，没想到你称我为兄弟，给了我活下去的勇气！"

一声"兄弟"竟然给了一个绝望的人求生的勇气，屠格涅夫的言行何以有这么大的力量呢？这是因为他的言行之中包含了任何一个正常人都需要的东西——自尊心。

自尊之心，人皆有之。人们一旦投入社交，无论他的地位、职务多高，成就多大，无不关心外界对自己的评价。

由于来自外界评价的性质、强度和方式不同，人们会相应地做出不同反应，并对交际过程及其结果产生积极或消极的影响。

通常的规律是：尊之则悦，不尊则哀。换言之，当得到肯定的评价时，人们的自尊心理得到满足，便会产生一种成功的情绪体验，表现出欢愉乐观和兴奋激动的心情，进而"投桃报李"，对满足自己自尊欲望的人产生好感和亲近力，采取积极的合作态度，交际必然向成功的方向发展。反之，当人们不受尊重，受到不公正的评价时，便会产生失落、不满和愤怒情绪，进而出现对抗姿态，使交际陷入危机。

诸葛亮之所以一生追随刘备，鞠躬尽瘁，死而后已，就是因为刘备给了他太大的面子。

刘备第一次屈身去请，诸葛亮适逢外出。第二次去请，诸葛亮又恰巧不在。一直到第三次，诸葛亮才与他交谈。如此大的面子，诸葛亮怎能不尽心相报？诸葛亮不仅全心回报了刘备，也回报了其儿子刘禅，最后，终以生命相报。

与其伤朋友的面子，不如给他面子，让他欠你的情，那么他日后回报的一定大于你给他的。

陈文进公司不到两年就坐上了部门经理的位置，但是有个别下属不服他，有的甚至公开和他作对，钱诚就是其中的一位，他们本来还是好朋友。自从陈文做了部门经理之后，钱诚就经常迟到，1周5天工作日，他甚至4天迟到。

按公司规定，迟到半小时就按旷工一天算，是要扣工资的。

问题是，钱诚每次迟到都在半小时之内，所以无法按公司的规定进行处罚。陈文知道自己必须采取办法制止钱诚的这种行为，但又不能让矛盾加深。

陈文把钱诚叫到办公室："你最近总是来得比较迟，是不是有什么困难？"

"没有，堵车又不是我能控制的事情，再说我并没有违反公司的规定呀。"

"我没别的意思，你不要多心。"陈文明显感觉到了对方的敌意。

"如果经理没什么事，我就出去做事了。"

"等等，钱诚你家住在体育馆附近吧。"

"是啊。"钱诚疑惑地看着对方。

"那正好，我家也在那个方向，以后你早上在体育馆东门等我，我开车上班可以顺便带你一起来公司。"

没想到陈文说的是这事，钱诚反而有些不好意思，嗫嚅地说："不，不用了。你是经理，这样做不太合适。"

"没关系，我们是同事，帮这个忙是应该的。"

陈文的话让钱诚脸上突然觉得发烧，人家陈文虽然当了经理，还能平等地看待自己，而自己这种消极的行为，实在是不应该。事后，他们的朋友关系又"正常化"了。

第二章
找到共鸣点，交谈才会更有趣

寻找情感共鸣点，跟任何人都能聊得来

沟通中，要想使得场面更和谐，就一定要找到对方感情的突破口，只有情感上有了共鸣，交流才能继续进行下去。

日常交往并不是总在熟人间进行，有时你甚至要闯入陌生人的领地。当进入一个陌生的家庭、环境时，要迅速打开局面，首先要寻找理想的突破口。有了突破口，便可以以点带面或由此及彼地发挥出去，从而实现让对方在感情上接受你的效果。

纽约某大银行的乔·理特奉上司指示，秘密进入某家公司进行信用调查。正巧理特认识另一家大企业公司的董事长，这位董事长很清楚该公司的行政情形，理特便亲自登门拜访。

当他进入董事长室，才坐定不久，女秘书便从门口探头对董事长说："很抱歉，今天我没有邮票拿给您。"

"我那 12 岁的儿子正在收集邮票，所以……"董事长不好意思地向理特解释。

接着理特便开门见山地说明来意，可是董事长却含糊其词，一直不愿做正面回答。理特见此情景，只好离去，没得到一点儿收获。

不久，理特突然想起那位女秘书向董事长说的话，同时也想到他服务的银行国外科每天都有许多来自世界各地的信件，那上面有各国的邮票。

　　第二天下午，理特又去找那位董事长，告诉他是专程给他儿子送邮票来的。董事长热诚地欢迎了他。理特把邮票交给他，他面露微笑，双手接过邮票，就像得到稀世珍宝似的自言自语："我儿子一定会高兴得不得了。啊！多有价值！"

　　董事长和理特谈了40分钟有关集邮的事情，又让理特看他儿子的照片。之后，没等理特开口，他就自动说出了理特要知道的内幕消息，足足说了一个钟头。他不但把所知道的消息都告诉了理特，又招来部下询问，还打电话请教朋友。理特没想到区区几十张邮票竟让他圆满地完成了任务。

　　人常说：要让一个母亲开心，那就去赞扬她的孩子。找到情感共鸣，沟通自然会顺畅。

谈论别人感兴趣的事情

　　"酒逢知己千杯少"，两个意气相投的人在一起总觉得有说不完的话。因此，我们在和陌生人交往时，不妨多多寻求彼此在兴趣、性格、阅历等方面的共同之处，使双方在越谈越投机的过程中获得更多关于对方的信息，迅速拉近距离，增进感情。

　　美国耶鲁大学的威廉·费尔浦斯教授，是个著名的散文家。他在散文《人类的天性》中写道：

　　"在我8岁的时候，有一次到莉比姑妈家度周末。傍晚时分，有个中年人慕名来访，但姑妈好像对他很冷淡。他跟姑妈寒暄了一阵之后，便把注意力转向了我。那时，我正在玩模型船，而且玩得很专注。他看出我对船只很感兴趣，便滔滔不绝讲了许多有关船只的事，而且讲得十分生动有趣。等他离开之后，我仍意犹未尽，一直向姑妈提起他。姑妈告诉我，他是一位律师，不可能对船只感兴趣。'但是，他为什么一直跟我谈船只的事呢？'我问道。

"因为他是个有风度的绅士。他看你对船只感兴趣，为了让你高兴并赢取你的好感，他当然要这么说了。"

谈论别人感兴趣的东西能够很容易拉近人与人之间的距离。对于这一点，下面的例子可以作证：

美国马里兰州的爱德华·哈里曼，退伍之后选择了风景优美的坎伯兰谷居住，但是在这个地区很难找到工作。哈里曼通过查询得知一位名叫方豪瑟的企业家，控制了附近一带的企业。这位白手起家的方豪瑟先生引起了哈里曼的好奇心，他决定去造访这位难以接近的企业家。哈里曼如此记载了这段经历：

通过与附近一些人的交谈，我知道方豪瑟先生最感兴趣的东西是金钱和权力。他聘用了一位极忠诚而又严厉的秘书，全权执行不让求职者接近的任务。之后我又研究了这位秘书的爱好，然后出其不意地去到她的办公室。这位秘书担任保护方豪瑟的工作已有15年之久，见到她后，我开门见山地告诉她，我有一个计划可以使方豪瑟先生在事业和政治上大获其利。她听了颇为动容。接着，我又开始称赞她对方豪瑟先生的贡献。这次交谈使她对我产生了好感，随后她为我定了一个时间会见方豪瑟先生。

进到豪华巨大的办公室之后，我决定先不谈找工作的事。那时，他坐在一张大办公桌后面，用如雷的声音问道："有什么事，年轻人？"我答道："方豪瑟先生，我相信我可以帮你赚到许多钱。"他立刻起身，引我坐在一张大椅子上。我便列举了好几个想好的计划，都是针对他个人的事业和成就的。

果然，他立刻聘用了我。20多年来，我一直在他的事业里与他同时成长。

谈论别人感兴趣的话题，对双方都有好处。不仅可以使人对你产生兴趣，钦佩你，而且可以使自己更关心别人，关心别人对自己的要求。

树立共同的敌人，同仇敌忾

在生活中，应坦诚待人，不可钩心斗角。但是，有的时候，还是需要讲究一些策略，比如，要争取某人的支持，就可以把双方的共同点扩大，找到共同的利益，树立共同的敌人，使对方与自己"同仇敌忾"，这种方法是在维护自己的合法、合理权益，而自己又势单力薄时是有效也有必要的。

春秋时期，吴国和越国是敌国，经常交战。一天，十几个吴人和越人碰巧同乘了一艘渡船，但都互不搭理。

不料，船到江心时，天色骤变、狂风顿起、暴雨如注，巨浪汹涌而来，船剧烈地颠簸着，吴国的两个孩子吓得哇哇大哭，越国的一个老太太跌倒在船舱里。老艄公一面竭力掌好船舵，一面让大家速进船舱。另外两名年轻的船工，马上奔向桅杆解绳索，想把篷帆解下来，可一时又解不开。如果不赶快解开绳索，把帆降下来，船有可能会翻掉。

在这个千钧一发之际，乘客们都争先恐后地冲向桅杆去解绳索，此时也不分谁是吴人谁是越人了。他们那么默契，配合得就像左右手。

过了一会儿，渡船上的篷帆终于被降下来了，船颠簸得也不那么厉害了。老艄公望着风雨同舟、共渡危难的人们，叹道："吴越两国如果能永远和睦相处，该有多好啊！"这个故事讲的就是

《孙子兵法》中"吴越同舟"这个成语的来历。

这种心理真的很微妙，为此，心理学家曾做过一个实验来加以证明：

3个人为一组做简单的"撞球游戏"，谁坚持到最后，谁就是获胜者。显然，这3个人分别构成了敌对关系。结果显示，如果在比赛中，有一个人遥遥领先，那么其他两个人就会联合起来，共同阻挠领先者得分。

了解了人们所普遍存在的这种心理，善加利用，就有可能解除对立者之间的警戒状态，让对方与自己达成一致，获得共赢。例如，具有同等竞争力的中小企业，彼此间难免存在矛盾，进而产生纠纷，甚至会演变到水火不容的地步。这时，如让对方意识到，如果继续敌对下去，会让其他公司坐享渔翁之利，这样，对方就会产生一种危机感，不敢再"自相残杀"，让共同的敌人获益。而原先的那种敌对情绪也就大大减弱了，彼此间的关系也就更加和谐，从而"化敌为友"，积极解决问题，尽可能实现共赢。

其实，"共同的敌人"也未必真的存在，有些时候，可以故意制造一个"假想敌"，甚至可以演"双簧"，一个扮"白脸"，一个扮"红脸"。当然，这必须配合得天衣无缝，否则会弄巧成拙，使对方产生反感。

此外，还有一种情况，就是"共同的敌人"是存在的，但是又不知道具体是哪一个。在这种情况下，仍需要双方的通力合作。例如，在全球的软饮料市场上，可口可乐和百事可乐是前两强，没有哪个品牌能够挤进去。这就在于可口可乐和百事可乐这两个"宿敌"的默契配合，双方看不到具体的"共同的敌人"，但是在激烈的市场竞争中存在着无数的敌人。所以，无论两个"宿敌"如何激烈地竞争，都不靠打"价格战"来挤兑对方，只要防住第三方，他们的市场份额就可以继续维持了，利润也就得到了保证。

模仿对方的动作，能够拉近心理距离

现在需要你闭上眼睛细想一下，在影片中经常会出现的约会场面：一对甜蜜的恋人坐在茶馆或者咖啡厅里面，悠闲自在地品尝着香茶或咖啡。他们的表情动作会有什么特别之处吗？

他们是不是时不时地做着同一种表情或同一个动作，就像是镜外的人和镜里的一样？一方用手摸摸头发，另一方也用手摸摸头发；一方跷起二郎腿，另一方也跟着跷腿；一方捂着嘴笑起来，另一方也跟着捂着嘴笑；一方举起了杯子，另一方也随之举杯……

想到或者看到这样一幅画面，你有什么感觉或想法？是不是感觉很温馨、很浪漫，感觉这两个人关系非常亲密、相互爱慕、心心相通？相信很多人都会有这种感觉。这是为什么呢？这是因为他俩的步调一致，从读心的角度来讲，这种感觉是有道理的。

想想会议中人们的表情，对某种意见持赞成态度的人和持反对态度的人，是不是往往各自做出相反的动作？赞成的那部分人面带微笑，不断地点头示意；反对的那部分人紧锁着眉头，紧闭着嘴唇……

再想想生活中常会遇到的情景，去商场购物或去某展览会参观，你看上了一件物品，另一个人也看上了这件物品，你俩一同走近这件物品，一边看一边发出啧啧的赞叹声，"真漂亮"，就几秒钟，你们便互生好感，颇有点英雄所见略同的感觉。

在日常生活中，通过人为地制造"同步行为"，可以拉近彼此的心理距离，赢得对方的好感，让双方的交谈在不经意间变得和谐愉快。

作为下属，很多人都纳闷儿：为什么自己欣赏的领导也欣赏自己，自己不喜欢的领导也不喜欢自己？其实，这其中，"同步行为"就在发挥作用。你向领导传递了欣赏，领导感觉到了，对你有了好感，也试着以欣赏的眼光看你。由此推理，如果想得到领导的认可与欣赏，你首先应该认可、欣赏领导。你不妨这样做：与领导在一起时，当领导无意中做出某个动作时，你也跟着做某个动作；领导做出某种表情，你也以同样的表情回应。作为领导，有时故意与下属同步也很必要。比如，某下属在你面前很紧张，你不妨摆出与其一致的姿势，拉近彼此的心理距离，缓解下属的紧张情绪。

对于有利益往来的双方，"同步行动"的魅力也丝毫不减。在推销或谈判过程中，如果你的请求或劝说得不到回应，不妨故意制造一些"同步行为"，快速攻破对方的心理防线。比如，对方翻阅文件，你也翻阅文件；对方脱下外套，你也脱下外套；对方将视线投向窗外，你也掉头欣赏窗外景色。如此反复几次，自然会引发对方的好感，缓和矛盾，使对方乐于接受你的意见，满足你的请求。不过，在效仿对方的举止时，要注意不露痕迹，否则，让人误认为你是在故意取笑他或讨好他，反而坏事。

善于"攀亲拉故"，让彼此不再陌生

亲者，近也；故者，旧也。亲与故，往往给人一种美好的回忆和情绪体验。心理学家认为，一个人对同一事物在不同地点很可能产生不同的情感，而环境影响往往是制约情感和情绪的重要因素。

有一位记者见到陈景润的夫人由昆，说的第一句话是："听说你是我们湖北人，普通话怎么说得这么好啊？"由昆喜悦地回答："是吗？我跟湖北人还是讲湖北话的！"于是，双方都沉浸在"老乡"相识的愉快之中，话语自然多起来，气氛也轻松得多，这正是采访者所需要的。倘若语言生硬，由昆女士保持缄默，采访者怎么可能了解科学家的家庭生活呢？

李明的妻子身患重病，急需大量医药费。李明四处筹措，还差一半。最后，在无奈的情况下，他到了城里，希望找几个老乡想想办法。

听说有一个老乡做生意发了财，李明满怀希望地前去借钱，却不料这位老乡异常吝啬，一分钱也不借就把李明赶了出来。李明遇到这种屈辱，叫他如何咽得下这口气！不过，冷静之后，他想出了一计。李明找来族谱，经过认真查找，他发现自己比这位老乡高了一辈，严格上来说，这位老乡应叫李明"表叔"，尽管李明年龄只有 31 岁，而那位老乡年龄却有 58 岁了。

最后，在族谱的面前，这位老乡再也不敢如此嚣张了，在自己的长辈面前，他只有遵循几千年来的"礼"。最后李明轻松借到了为妻子治病的钱。李明正是利用了血缘关系和长辈地位，让原本吝啬的老乡转变了态度，成功筹到了治病的钱。

用话题展开交谈的"瓶颈"

没有话题，一场谈话就没有焦点。光是空发话，没有实际意思，那陌生人终究还是陌生人，陌生的局面终究化不开。

　　和陌生人说话最苦于找不到话题，怎样巧找话题呢？那就要从具体情况出发去考虑，如果彼此完全陌生尚未相识，那就要察言观色，以话试探，寻求共同点，抓住了共同点就是抓住了可谈的话题。如果是因为话不投机，出现难题，那就要求同存异，或是检讨自己的不妥之处，表示歉意，如果对方有什么顾虑，或是沉默的原因不明，那就没话找话，随便找个话题，引起对方的兴趣，说个笑话，谈点趣闻都可以活跃气氛。

　　从具体情况出发，可以采取下面的方法：

　　1. 你想了解什么就问什么，谈什么

　　在初次交往中，各自都有一定的意图，那就可以依据你的意图，提问求答，你想了解什么就可以问什么。但这样做的时候要注意两点：一是不要形成一串的盘问；二是不要探听对方的隐私。最好的做法是你想了解对方的什么情况，你就先谈自己的什么情况，扩大自己的开放区域，来促使对方扩大开放区域，这样就容易找到许多可谈的话题。如果你想了解对方的业余生活，可以问对方：平时有什么兴趣爱好？业余时间喜欢做点儿什么？但是很可能对方只说了"喜欢旅游，听听音乐"这么一句话，就不再说了。那你就谈谈自己的业余爱好，谈得具体、详细一些，这样就会引发对方的谈兴，使交谈趣味相投。

　　与陌生人交谈，一般都可以先提一些"投石式"的问题，在略有了解后再有目的交谈，便能谈得较为自如。如在商业宴会上，见到陌生的邻座，便可先投石询问："您是主人的老同学呢，还是老同事？"无论问话的前半句对，还是后半句对，都可循着对的一方面交谈下去；如果问得都不对，对方回答说是"老乡"，那也可谈下去。假如是北京老乡，你可和他谈天安门、故宫、长城，谈北京的新变化；如果是福建老乡，你可与他谈荔枝、龙眼，沿海的水产等，从而开始你与他的交谈，也许他将来就是你事业上的合作伙伴呢！

2. 就社会热点问题进行交谈

陌生的双方刚一接触时，纯属个人生活的事情不宜多谈，但可以对时下的人所共知的社会现象、热点问题谈谈看法。如果对方对这一问题还不太清楚，你可以稍作介绍。例如，近期影响较大的社会新闻、电影、电视剧和报刊文章等，都可以作为谈话的题目。

3. 从眼前和身边的具体景物上找话题

（1）从双方的工作内容寻找。相同的职业容易引起共鸣，不同的职业更具有新奇感与吸引力。

（2）从彼此的经历中寻找。亲身经历过的人和事往往会给你留下极深的印象。这种交流最易敞开心扉、最易见到真情。

（3）从双方的发展方向寻找。人都关心自己的未来，前途与命运是长盛不衰的永恒的话题。人生若没有前进的方向，生活便失去了动力。这类话题最易触动对方敏感的神经。尤其是异性，更热衷于此。

（4）注意家庭状况。谈家庭生活并不一定就是俗气。家庭是社会的细胞，家庭生活的完美、和谐是每个人的理想状况。这类话题不必做准备，随时都可谈论，但有思想的人都可以从中发现许多人生的哲理。

（5）关注子女教育。孩子是父母生活的希望，孩子的教育牵动亿万家长的心。怜子、爱子、望子成龙是家长的共同心理。谈及孩子，即使是性格内向的人，也会滔滔不绝。

有的时候如果是预约式地拜访某陌生人，那你最好具备一些洞察力。你首先应当对那位你即将拜会的客人做些了解。例如，问一些你们双方都认识的朋友的情况，探听一下对方的情况，关于他的职业、兴趣、性格等方面，了解得越详细越好。

当你走进陌生人的住所时，可以凭借你的观察力，看看能否找到一些了解对方性格的线索。墙上挂的是哪位画家的画？如果是摄影作品，可以揣测对方是否是摄影爱好者呢？

要知道，屋内的装饰摆设，可以表现主人的喜好和情调，甚至有些物品会牵引出某段动人的故事。如果你把它当作一个线索，不是可以了解主人心里的某个方面吗？了解了对方的一些个性，不就有话题了吗？

交谈前，使用多种手段，尽可能地多了解对方，再把所获的种种细微信息进行分析研究，由小见大，由微见著，将它作为交谈的基础。

说话不要踩上"雷区"

"雷区"也就是一个忌讳，说话时千万不可以踩上"雷区"。因为你一旦踩上"雷区"，极易造成交际的失败，往往也会枉费你的一片苦心，从而引起别人强烈的反感。因此，了解他人的"雷区"是在人际交往中不可忽视的环节。

"雷区"主要有生理和心理两种。

1. 生理"雷区"

一些有生理缺陷的人都会非常敏感。因此在与这类人交往时，要特别谨慎。不要对秃顶的领导说："你真是聪明绝顶。"也不要对双臂残疾的领导说他"两袖清风"。不要当着腿残废的人说"我佩服得五体投地"之类的话。这样会使他们的心里留下阴影，甚至会误以为你有意嘲笑他们。但一般说来，生理有缺陷的人比较容易被发现，只要稍加留意便可避免。

2. 心理"雷区"

心理"雷区"往往是由于某些人因为一些特殊的经历所形成的，那些不愉快的记忆隐藏在人们的心中，无形中会形成一种忌讳。

有一位下属给他的领导去祝寿，当着众人的面，他向领导致祝词时说："希望我们的王厂长将来能大富大贵、儿孙满堂。"一席话说得王厂长脸色发青。原来王厂长的独子刚刚在车祸中过世，其妻子因为已经实行计划生育，没有再生的能力，而这位下属初来乍到，对此并不知情。而这位厂长却以为他故意嘲笑他断子绝孙，因此不顾贵宾云集，竟摔杯而去，弄得这位下属很尴尬。这位下属虽然并不是有意，却冲撞了王厂长的忌讳，结果弄得不欢而散。

在与朋友相处时，有时会因为二人关系密切，习惯成自然，对对方的忌讳满不在乎，结果往往使朋友陷入尴尬的境地，有时甚至会致使二人的感情破裂。

钱英和张敏是一对形影不离的好朋友，二人私底下无话不谈。在一次同学聚餐上，钱英一时兴起，笑着对大家讲了张敏暗恋班上某男生的事。那位男生已经有了女朋友，而且当时也都在场，一时间，弄得张敏下不了台，气着跑开了。这就警示我们，千万不要在众人面前暴露好朋友的隐私，既然是隐私也就是不愿意让他人知道，如果让他人知道就冒犯了他或她的忌讳，是很不够朋友的表现。

心理上的雷区并不仅仅体现在个人的经历与隐私上，还表现在意识形态以及生活习惯上。比如对方若是信奉佛教，你就不可大谈对各种肉类的口感及味道，或是狩猎等与杀生有关的话题。信奉佛教的人往往清心寡欲，慈悲为怀。谈这些话题容易引起对方的反感。每个宗教都有本身的禁忌的事物，最好能有所了解，以避免在谈话中导致尴尬无法收场。

当然，我们不可能尽善尽美地做到与任何人融洽地交谈，有些冲突也在所难免。但在说话之前，应尽可能了解对方的情况，对对方的好恶应有所了解。并且在谈话中，应保留一些敏感话题，以免出现意外情况，让自己吃不了兜着走。

慎谈他人忌讳的话题，否则会导致交际的失败

常言道，当着矬子，不说矮话。朋友中有一个"秃"顶，就不能对着人家说什么"秃头"或"光头"；如果家里来了个客人，又矮又胖，就不能说"矬子""胖子"，否则会挫伤人家的自尊心。言谈中，不健康的口头禅更应禁忌。见到青年女子，一般不应问对方年龄、婚否。径直询问别人的履历、工资收入、家庭财产等私生活方面的问题，易使人反感。切莫对心情惆怅的人说得意话、得意事。

若对方曾犯过错误或有某种缺陷，言谈时要避免使用刺激性的话语。对别人不愿回答的问题不要追问，不要刨根问底。如果一旦触及，应立即表示歉意，巧妙地转移话题。

人都是有自尊心的，都希望得到别人的尊重，谁都不愿意人家触及自己的憾事、缺点、隐私和使自己感到难堪的事，这也是一般人所共有的心理。因此，在现实的交际生活中，一定要注意尊重别人，交谈时千万不要涉及别人所忌讳的问题，不然就会使人际关系恶化，导致交际的失误。

由于一些原因，有时说话还非要涉及别人忌讳的话题不可。在这种情况下，就要讲究语言技巧了。要尽量把话说得委婉、含蓄些，在遣词造句时，要避免那些带有直接刺激感官的字眼，这样就有可能取得比较好的效果。

例如一位较胖的顾客去布店买花布做衬衫，在选择大花图案还是几何图案上拿不定主意，售货员根据顾客的特点，帮她选择了几何图案的花布，并且介绍说："这种大花图案带有扩张感，适合瘦人穿，你穿不太合适。这种几何图案花布艺术大方，颜色也好，一尺才8元，这种布做成的衬衫使人年轻，还显瘦。"胖顾客听了就很舒服。

只说对方最感兴趣的话

把话说到他人的心坎上，需要一种高超的语言技巧。与人交谈时要"投其所好"。了解别人的兴趣，学会投其所好，不仅可以使双方更容易接近，还可以促成商业合作。

当然，在与别人谈话的过程中，要将心比心，说一些能够抓住对方兴趣的话题，把对方的注意力和好奇心吸引过来，这样可以使交流顺利进行。

想要了解对方内心想法的妙方，就是和对方谈论他最感兴趣的事情。但如果我们只想让别人注意自己，让别人对我们感兴趣，我们就永远也不会有真挚而诚恳的朋友。

有一位名叫克纳弗的推销人员向美国一家连锁公司推销煤，但这家公司的经理仿佛天生讨厌克纳弗，一见面，就毫不客气地呵斥他走开。克纳弗知道他不能错过这个机会，于是他就赶紧抢着说："经理先生，请别生气，我不是来推销煤的，我是来向您请教一个问题。"

克纳弗又诚恳地说："我参加了一个辩论赛，经理先生，我想不出有谁比您更了解连锁公司对国家、对人民所做出的巨大贡献。因此我特地前来向您请教，请您帮我一个忙，说说这方面的事情，帮我赢得这场辩论。"

克纳弗的话一下子引起这位连锁公司经理的注意，他对这样一场辩论赛，既感到惊讶，又极感兴趣。因为对经理来说，这是在公众面前树立连锁公司的形象，事关重大，他必须为克纳弗提供有力的证据。他看到克纳弗如此热情、诚恳，并将自己作为公司的代言人，非常感动。

当克纳弗连声道谢，起身告辞的时候，经理起身送了他。他和克纳弗并肩走着，并伸过臂膀搭在克纳弗的肩膀上，他们仿佛是一对亲密无间的老朋友。他一直把克纳弗送到大门口，预祝克纳弗在辩论中取得胜利。

这位经理最后说的一句话是："克纳弗先生，请在春天的时候再来找我，那时候我们需要买煤，我想下一张订单是买你的煤。"

克纳弗做了些什么？他根本没提推销煤的事，他只不过是向经理请教了一个问题，为什么会得到这么美满的结果呢？克纳弗抓住了经理最感兴趣的话题，就是其毕生为之奋斗、弥足珍贵的事业。克纳弗对此感兴趣，参与其事，就成了那位经理志同道合的朋友。

这个故事从心理学的角度来看，非常容易解释，一般情况下，当人们遇到自己感兴趣的话题，就会有十二分的热情。要打动人心就要关心对方，找到对方最感兴趣的话题。

乡音难改，游子情深

人都是有感情的，尤其是对故乡有着一种天然的割舍不断的情愫。如果游子在他乡遇到了自己的老乡，那么思乡之情就会油然而生，随之而来的就是对老乡的一种认同感。

阎锡山是山西五台人，当时山西就流传出一句话："会说五台话，就把洋刀挎。"阎锡山重用五台同乡，山西省政府的重要位置，大多被五台人占据。陈炯明是广东海丰人，他做了广东都督后，大用海丰人，省政府里到处都听到海丰话。孔祥熙是山西人，他在金融系统重用山西人，理由则是"只有山西人会理财"……

所以，处理好老乡关系，能帮助我们办事成功。

那么，该怎样利用老乡关系呢？"乡音"就在这时派上了用场。

老乡关系与其他关系的不同之处就在于，老乡之间的关系是以地域为纽带的，有一份"圈子"内的情存在心上，既然是老乡，就必须有共同点存在于双方之间，而"乡音"又是一种最好的表达形式。

清末民初，有一位福建的小伙子下南洋谋生，身处异地，而他又身无分文，怎样才能干出一番事业呢？一个偶然的机会，小伙子听说当地有位小有名气的商人，老家也是中国福建的，细打听之下，小伙子惊奇地发现那位商人是自己的老乡。于是小伙子就大胆地找这位老乡求助。

小伙子知道这位老乡很重乡情，于是在拜访他的时候特意用家乡话与他聊天。

后来，在这位老乡的帮助下，小伙子从小生意做起，逐渐做成了一番事业。

用家乡话做见面礼，可以说是独树一帜，它不需要物质上的东西。在这里有一点相当重要，那就是运用这种方法的场合，最好是在异乡，因为在异乡才会有恋乡情结，才会"爱乡及人"，这时再来个"他乡遇老乡"，哪有不欣喜之理？对方离乡愈久，离乡愈远，心中的那份情就愈沉、愈深。因此，越是这种情况，越要运用"乡音"这种技巧，你就会得到老乡所给你的种种好处。

如此看来，要与一个久离家乡的老乡处好关系，有一种特有效的技巧就是：运用你的语言技巧，与老乡谈起家乡的话题，以此来触动他的思乡情结，达到共鸣，从而使老乡之间的关系更进一层。

第三章

千方百计让自己变得有趣

来点幽默，对方更乐意向你靠近

在与陌生人相处时，幽默的言语能够巧妙地化解尴尬，让别人开心一笑，就自然而然地拉近了彼此的距离。为了丰富学生的课余生活，某大学专门邀请一位著名教授举办了一个讲座，但由于临时改变地点，时间仓促，又来不及通知，结果到场的人很少。教授到了会场才发现只有十几个人参加。

教授有点儿尴尬，但不讲又不行，于是随机应变，说："会议的成功不在人多人少，今天到会的都是精英，我因此更要把课讲好。"这句话把大家逗得开怀大笑。这一笑，活跃了气氛，再加上教授讲课充满激情，使得那一次讲座非常成功。当然，在幽默的同时还应注意，不同问题要不同对待，在处理问题时要极具灵活性，做到幽默而不落俗套，不失体面地博得他人一笑，这样才能有效拉近与他人的关系。

言语多点幽默，让话语变有趣

幽默是运用诙谐语言抒发情感、传递信息，以引起听众的兴趣，从而感化听众、启迪听众的一种艺术手法。如果我们的言语中能多点幽默，那么我们所说的话将会更加有趣，会吸引更多的人。

幽默是一个人的各种学识、才华、智慧在语言中的集中体现，是一种能力。幽默的语言可以使我们内心紧张消除、重压释放出来，化作轻松的一笑。在沟通中，幽默的语言如同润滑剂，可有效地降低人与人之间的"摩擦系数"，化解冲突和矛盾，并能使我们从容地摆脱沟通中可能遇到的困境。

有一对夫妇带着一个6岁的孩子去租房，他们看中了一处房子，可房东不肯将房子租给他们。原因是她从不将房子租给有孩子的人。夫妇交涉无果，于是6岁的孩子对房东说："您可将房子租给我呀，我没有孩子，只有爸爸妈妈。"后来房东真的把房子租给了他们。孩子从成人的视角看问题，构成了独特的趣味思维形式，让人感受到一种自然天成的天真情趣。

由此看来，幽默的人是从多重视角去透视事件或问题，并找出其中富有情趣的一面，对其进行集中化的语言处理，从而化紧张、严肃为轻松、谐趣。幽默是人类面临困境时减轻精神压力和心理压力的方法之一。契诃夫说过："不懂得开玩笑的人，是没有希望的人。"可见，生活中每个人都应当学会幽默。多一点幽默感，少一点偏执。

幽默可以淡化人的消极情绪，消除沮丧与痛苦。具有幽默感的人，其生活充满情趣，许多看来令人痛苦、烦恼之事，他们却应付得轻松自如。用幽默的方式来处理烦恼与矛盾，会使人感到和谐愉快、友好幸福。那么，怎样使语言富有幽默感呢？不妨试试以下几种方法：

1. 颠倒成趣

把正常的人物关系，或者动机与效果在一定条件下互换位置。

2. 移花接木

把在某种场合下十分恰当的情节或语言，移植到另一迥然不同的场合中，达到张冠李戴、"荒唐可笑"的幽默效果。生物学家格瓦列夫在一次讲课时，一位学生突然学起鸡叫，引起一片哄笑。格瓦列夫却不动声色地看了下自己的表说："我这个表误时了，没想到现在已是凌晨。"

3. 故意卖关子

首先故意提出一个容易使人产生误解的结论，然后再做出出人意料的分析和解释。

柯南·道尔在罗马时，一次乘坐出租车去旅馆，途中与司机聊了起来。司机问："你是柯南·道尔先生吗？""你怎么知道我的名字？"柯南·道尔奇怪地问道。

"啊，简单得很，你是在罗马车站上车的，你的穿着是英国式的，你的口袋里露出一本侦探小说。"

"太了不起了！"柯南·道尔叫起来，他很惊奇在意大利会碰到第二个"福尔摩斯"。他习惯地问一句："你还看到其他什么痕迹没有？"

"没有，没有别的，除了在你皮箱上我看到你的名字之外。"可见，司机故意卖关子，让柯南·道尔误以为他是第二个"福尔摩斯"。然后，司机再出乎意料地解释，造成强烈的幽默感。

4. 巧设悬念

当你叙述某件趣事的时候，不要急于显示结果，应当沉住气，给听众营造一种悬念。假如你迫不及待地把结果讲出来，或通过表情动作的变化透露出来，幽默便会失去效力，只能让人感到扫兴。

美国有个倒卖香烟的商人到法国做生意。一天，他在巴黎的一个集市上大谈抽烟的好处。突然，从听众中走出一位老人，大声说道："女士们，先生们，对于抽烟的好处，除了这位先生讲的以外，还有三大好处哩！"

美国商人一听这话，连连向老人道谢："谢谢您了，先生，看您相貌不凡，肯定是位学识渊博的老人，请您把抽烟的三大好处当众讲讲吧！"老人微微一笑，说道："第一，狗害怕抽烟的人，一见就逃。"台下一片轰动，商人不由得心里暗暗高兴。"第二，小偷不敢偷抽烟者的东西。"台下听众感到好奇，而商人很高兴。"第三，抽烟的人永不老。"台下听众惊诧不已，而商人更加喜不自禁。听众中要求解释的声音一浪高过一浪。老人把手一摆，说道："请安静，我给大家解释！"商人格外兴奋催促老人快说："老先生，请您快讲！""第一，抽烟之人驼背的多，狗一见到他认为是在弯腰拾石头打它，能不害怕吗？"台下听众笑出了声，商人心里一惊。"第二，抽烟的人夜里爱咳嗽，小偷以为他没睡着，所以不敢去偷。"台下听众一阵大笑，商人大汗直冒。"第三，抽烟人短命，所以没有机会衰老。"台下听众哄堂大笑。此时，大家发现商人不知什么时候溜走了。

老人在把听众的胃口吊得足够"高"时，才不慌不忙地把真实意思表达出来，这就是巧设悬念的魅力。

遇到尴尬，调侃一下自己

由于我们的过失，造成了谈话中间出现了难堪，这时我们不要责备他人，还是找找自己的原因，采用自我调侃的方式低调退出吧。

有一次，10多年没见的老同学聚会，因为大家都是好朋友，所以说起话来都是直来直去。有一位男同学打趣地问一位女同学说："听说你的先生是大老板，什么时候请我们到大酒店吃一顿。"他的话刚说完，这位女同学有点不安起来。原来这位女同学的丈夫因发生意外去世了，但这位开玩笑的男同学并不知道，因而玩笑开得过了一点。旁边的一位同学暗示他不要说了，谁知这位男同学偏要说，旁边的那位同学只得告诉他真实的情况，这位男同学听后可谓无地自容，非常尴尬。不过他迅速回过神，先是在自己脸上打了一下，之后调侃地说："你看我这嘴，几十年过去了，还和当学生时一样没有把门的，不知高低深浅，只知道胡说八道。该打嘴！该打嘴！"女同学见状，虽有说不出的苦涩，但仍大度地原谅了老同学的唐突，苦笑着说："不知者不为怪，事情过去很久了，现在可以不提它了。"男同学便忙转换话题，从尴尬中解脱出来。

当我们处于类似的由于我们自己的原因，造成不好下台的局面时，最好的办法就是：不要死要面子活受罪，可以采用自我调侃的办法，来得真诚一点，像上面的那位男同学，表达自己真诚的歉意，而对方也不会喋喋不休地责备我们，相反还会因为我们的真诚，一笑而置之。

1915 年，丘吉尔还是英国的海军大臣。不知他是心血来潮，还是什么原因，突然要学开飞机。于是，他命令海军航空兵的那些特级飞行员教他开飞机，军官们只好遵命。

丘吉尔还真有股韧劲，刻苦用功，拼命学习，把全部的业余时间都用上了，负责训练他的军官都快累坏了。丘吉尔虽称得上是杰出的政治家，但操纵战斗机跟政治是没什么必然联系的。也可能是隔行如隔山吧，总之，丘吉尔虽然刻苦用功，但就是对那么多的仪表搞不明白。

有一次，在飞行途中，天气突然变坏，一段约 26 千米的航程竟然花了 3 个小时才抵达目的地。

着陆后，丘吉尔刚从机舱里跳出来，那架飞机竟然再次腾空，一头撞到海里去了。旁边的军官们都吓得怔在那里，一动不动。

　　原来，匆忙之中的丘吉尔忘了操作规程，**在慌乱之中**又把引擎发动起来了，望着眼前这一切，丘吉尔也不知所措，好在，他并没有惊慌，装作茫然不知似的，自我解嘲道："怎么搞的，这架飞机这么不够意思。刚刚离开我，就又急着去和大海约会了。"

　　一句话，缓解了紧张的气氛，也让丘吉尔摆脱了尴尬。

　　在有些尴尬的场合，运用自嘲能使自尊心受到保护，而且还能体现出说话者宽广大度的胸怀。

　　丘吉尔有个习惯，一天之中无论什么时候只要一**停止工作**，他就爬进热气腾腾的浴缸中去泡一泡，然后就光着身子在浴室里来回地踱步，一边思考问题，一边让身体放松放松。

　　有一次，丘吉尔率领英国代表团到美国去进行国事访问，他们受到热情款待。为了方便两国领导人的交流、**沟通**，组织者专门让丘吉尔下榻在白宫，与美国总统罗斯福近距离接触。

　　一天，丘吉尔又像往常一样泡在浴缸里，尔后光着身子在浴室里踱步。当时，世界反法西斯战争进行得如火如荼。丘吉尔在思考着战场上的形势，以及如何同美国联手对付德国法西斯。想着，想着，他已经忘了自己在什么地方，而且还是光着身子。

　　碰巧，这时罗斯福有事来找丘吉尔，发现屋里没人。罗斯福刚欲离去，听见浴室里有水响，便过来敲浴室的门。

　　丘吉尔正在聚精会神地考虑问题，听见有人敲门，本能地说了一句："进来吧，进来吧。"

　　门打开了，美国总统罗斯福出现在门口。罗斯福看到丘吉尔一丝不挂，十分地尴尬，进也不是，退也不是，**索性**一言不发地站在门口。

此时，丘吉尔也清醒了。他看了看自己，又看了看罗斯福，急中生智地说道："进来吧！总统先生。大不列颠的首相是没有什么东西可对美国的总统隐瞒的！"说罢，这两位世界知名人物都不约而同地哈哈大笑起来。

尴尬场合，运用自嘲可以平添许多风采。当然，自嘲要避免采取玩世不恭的态度。具有积极因素的自嘲包含着自嘲者强烈的自尊、自爱。自嘲实质上是当事人采取的一种貌似消极，实为积极的促使交谈向好的方向转化的手段而已。

让幽默增添自身的魅力

所有的人都会年华已逝，青春不再。但岁月只能风干肌肤，而睿智和幽默的魅力却不会减去分毫。

乔羽不但歌词写得好，而且话也说得妙，乔羽的幽默诙谐、能"侃"会说在京城文艺圈内久负盛名。

据报载，某年 6 月中旬，中国民族声乐比赛初评在武汉举行，乔羽是评委之一。在有火炉之称的武汉一天听录音，对 65 岁的乔羽可不轻松。为解闷，乔羽不断地抽烟，一边抽还一边念念有词。也是评委的歌唱家邓玉华为乔羽补充了三句，这样成了一首打油诗。乔羽听罢，微微一笑，他联想到邓玉华每餐节食的情景，也回敬了一首打油诗。众人听后都捧腹大笑，连日来的劳累烟消云散。

乔羽不是美男子，由于头发稀少，不熟悉他的人，往往容易将 65 岁的乔羽判断为七八十的老人。但乔羽从未感到自己老了，他说："我从 18 岁就开始脱发了，看来是不会再长了，索性毛全掉光，成了老猴子，倒用不着理发了。我心里从没有感到老。年龄是你的一种心理上的感受，你觉得自己老了，即使年轻也真的老了；你觉得自己还年轻，即使老了你也还年轻。"

上面的故事充分展示了乔羽乐观向上的精神面貌，他善于幽默，他用自嘲的手法跟自己开起了玩笑，不言头发而称"毛"；并自喻"老猴子"，让人闻之不禁莞尔，而"倒用不着理发了"一句则在幽默之中透露出了乔羽的豁达心境。

幽默的魅力，仿若空谷幽兰，你看不到它盛开的样子，却能闻到它清新淡雅的香味；幽默的魅力，又如美人垂帘，人不能目睹美人之芳华，却能听到美人的声音，间或环佩叮咚，更引人无限遐思……

启功先生的前半生可以说是充满坎坷和艰辛，1 岁丧父，母子二人便由祖父供养。10 岁时，他祖父过世，家道中落，一贫如洗，再无钱读书，由于得到祖父门生极力相助，才勉强读到中学，但尚未毕业。由于个性坚强，不愿再拖累别人，便决心自谋生路。经祖父的门生傅增湘先生介绍，认识辅仁大学校长陈垣，经陈垣介绍到中学任教，但工作因没有文凭而被炒。他却没有绝望，一边靠卖字画为生，一边自学，最后终于在辅仁大学谋到一个教职。此后，在陈垣校长的耳提面命之下，取得长足进步。然而，命途多舛，1957 年又被错划为右派分子，直到 1979 年才得以平反……

经过人生无数历练的启功先生，不但在艺术上取得了非凡的成就，而且也在心灵上步入了大彻大悟之境。

启功先生成名之后，便经常有人模仿他的笔墨在市面上出售。有一次他和几个朋友走在大街上，路过一个专营名人字画的铺子，有人对启功说："不妨到里面看看有没有你的作品。"启功好奇，大家就一起走进了铺子，果然发现好几幅"启功"的字，字模仿得也真够到家，连他的朋友都难以辨认，就问道："启老，这是你写的吗？"启功微微一笑赞道："比我写得好，比我写得好！"众人一听，全都大笑起来。谁知说话之间，又有一人来铺里问："我有启功的真迹，有要的吗？"启功说："拿来我看看。"那人把字幅递给他。这时，随启功一起来的人问卖字幅的人："你认识启功吗？"那人很自信地说："认识，是我的老师。"问者转问启功："启老，你有这个学生吗？"那人一听，知道撞到枪口上了，刹那间陷于尴尬、恐慌、无地自容之境，哀求道："实在是因为生活困难才出此下策，还望老先生高抬贵手。"启功宽厚地笑道："既然是为生计所害，仿就仿吧，可不能模仿我的笔迹写反动标语啊！"那人低着头说："不敢！不敢！"说罢，一溜烟地跑走了。同来的人说："启老，你怎么让他走了？"启功幽默地说："不让他走，还准备送人家上公安局啊？人家用我的名字，是看得起我，再者，他一定是生活困难缺钱，他要是找我借，我不是也得借给他吗？当年的文徵明、唐寅等人，听说有人仿造他们的书画，不但不加辩驳，甚至还在赝品上题字，使穷朋友多卖几个钱。人家古人都那么大度，我何必那么小家子气呢？"启功的襟怀比之古人，可以说是有过之而无不及。

幽默的语言来自纯洁、真诚和宽容如大海般的心灵，是生命之中的波光艳影，是人生智慧之源上绽放的最美丽的花朵，是人们能够从你那里享受到的心灵阳光。

生活中不妨多点幽默来做"调节剂"

为了应对人生大大小小的挑战，你需要力量——不论你是为人父母或是为人子女，是教师或是学生，是售货员或是消费者，是老板或是职员，是上司或是下属，幽默都能赋予你战胜困难的力量。

幽默的力量体现在沟通上，就像我们打开电灯开关，电流便沿着电线输送到机器上一样，只要按下幽默的按钮，也能促使一股特别的力量源源而来。我们可以把这股幽默的力量导向他人，并与他人直接沟通。

有一位年逾80的老先生在接受身体检查时说："医生，你可记得上回你说我有一大堆毛病，说我得学会和这些毛病生活在一起？包括我的关节炎、视力减退、重听、高血压。"

医生回答说："信任我吧，你很快就能学会和这些毛病生活在一起的。"

"我知道。"老人也同意，"现在，我在想，你是不是可以再加一项，加上一个20岁的妻子！"

把"幽默"加在你的日程表上，学会去生活，以轻松的心情面对自己，而以严肃的态度面对人生，掌握你自己的幽默力量。

1. 幽默是烦恼生活的开心剂

生活中绝非全是幸福，与幸福相对的就是烦恼，这是一对孪生的兄弟，谁也离不开谁。一般的家庭，遇上烦恼的事情，往往是一方发火，甚至双方发火，发展到大吵一场，从而带来更大的烦恼和不快。幸福的家庭同样也有烦恼，只不过解决的方法不同，他们在理性解决烦恼问题的同时，往往还运用幽默的手段，化烦恼为欢笑。

2. 幽默又是趣味生活的添加剂

生活需要趣味，而且是各种各样的趣味，于是世界便有了层出不穷的志趣、理趣、情趣、谐趣、童趣、野趣、真趣、闲趣、文人雅士之趣、市井小民之趣、渔夫樵子之趣、田园牧歌之趣，还有猫之趣、狗之趣、花鸟鱼虫之趣，如果再加上幽默，我们不妨称它为"幽默趣"。

幽默是趣味生活的添加剂，生活中存在着幽默，关键是你能不能发现它。

幽默是艰苦生活的调味剂。生活有时是相当艰苦的，有幽默感的人善于苦中作乐，用幽默作为艰苦生活的调味剂，鼓励自己克服困难，渡过难关。

3. 幽默还是天伦生活的合成剂

法国总统德斯坦从小很顽皮，经常问一些使他父亲难以回答的问题。一次，他考试成绩不佳，得了个倒数第 10 名，父亲很不满意。德斯坦问父亲道："1 和 20，哪一个数值大？"

"自然是 20 的数值大。"爸爸不假思索地回答。

德斯坦接着问道："那么我考试排第 20 名，不是比第 1 名好吗？你为什么不满意？"

德斯坦的幽默告诉我们这样一个道理：不要强求子女学习，因为不可能所有的学生成绩都是 100 分，有时要"顺其自然"，这样"天伦"之间才有"乐"可言。

第四章

学会从他人的角度出发

配合对方的精神状态，沟通效率倍增

要想建立与对方的亲善关系，配合对方的精神状态也是很重要的。要做到这一点，你必须能够注意到那个人的情绪状态和精力值。

在我们周围，有这样一类人，他们在午饭之前情绪都会有点低落。他们早上到办公室和同事打过招呼后，就会一直坐在椅子上，浑身散发着"不要打扰我"的气息。直到午饭时间，他们才会真正地睁开眼睛，情绪也才会好转。这并不是表示他们的工作状态不太好，而是说他们需要更长的时间才会展开社交活动。一般人的情绪状态都会处于不断的变化之中，但这类人就像慵懒的猫一样，只会处于一种慵懒状态中。

也许你正精力充沛、兴致勃勃，但是你的工作计划需要得到一个性子慢、性格内向的同事的支持与合作，这时候，你最好稍稍放慢脚步，不能一开始就试着让你们两个人都充满热情。如果你大叫一声，重重地拍一下同事的后背，把他吓得够呛，而且害得他把咖啡都洒了出来，那么你肯定会在要求与他合作时遭到拒绝。相反，如果你是那种行动较慢、处处谨小慎微的人，而你恰好又需要与那些精力充沛、行动果断的人合作，那么你就必须想办法点燃自己的激情，否则很可能激怒你的合作者。

有生理学家指出，每90 ~ 120分钟，我们的身体会经历一个从精力充沛到精力衰竭的周期。在精力衰竭的时期，我们会觉得注意力分散、坐立不安、打瞌睡和感到饥饿。这个时候，我们的身体会需要一段时间来恢复。如果你恰恰在对方进入精力衰竭时，和对方说话或者求对方办事，那么你碰壁的可能性会大大提高。

你要记住，有时候你被对方拒绝，并不是因为你的创意不够好，而是因为你的情绪状态和精力值与对方不匹配。所以，如果知道对方在午饭过后更容易接受意见时，就要把会谈约在午饭后，尽量调整自己，使自己配合对方的感受，这样沟通的效率也会大大提高。

换位思考，在人际交往中出奇效

A市交通警察支队不久前搞过一次"交警扮的哥"的活动。那一天，数十名交警穿上便装，"秘密行动"开起了出租车。一天中，他们受过乘客的气，也有的违了章，实实在在地体验了一把"的哥"们谋生的艰难与不易。另外，通过换位，他们也看到了自己执法过程中的确还存在着许多问题。

换位办事、换位思考，就是我们所说的将心比心。

所谓换位思考，就是要把自己设想成别人，站在别人的角度考虑问题。很多时候甚至需要暂时抛开自己的切身利益，去满足别人的利益。其实，利益在很多时候是互相关联的。你能考虑别人的利益，别人也会考虑你的利益。在人际交往中，我们要学会"将心比心"。

一个人只有具备习惯于换位思考的能力，具有过人的理解力，才能去理解平时所无法理解的东西，而对方也能感觉到自己被尊重了。这样，人家才愿意与你交流、沟通。

在人际交往时，人们不仅习惯于从自己的特定角色出发来看待自己和他人的态度与行为，而且还习惯于自我中心式的思维方式，从而引发出一连串的冲突和矛盾。如果大家都能从对方的角度去思考一下，都能将心比心地换位感受一番，那么，许多冲突、矛盾就可以迎刃而解，这就是换位思考的积极作用。

美国的开国元勋杰弗逊有一句名言："也许我不同意你的观点，但我一定举双手维护你说话的权利。"

换位思考到底是什么呢？其实就去"理解"别人的想法、感受，从别人的立场来看事情，以别人的心境来思考问题。当然，这并不是很容易就能做到的。

换位思考不但需要转换思维模式，还需要一点好奇心来探求他人的内心世界。

真正的换位思考要从内心深处站到他人的立场上去，要像感受自己一样去感受他人。但不幸的是，许多人的换位思考缺少了"移情"这一根本要素。他们或是站在自己的位置上去"猜想"别人的想法和感受，或是站在"一般人"的立场上去想别人"应该"有什么想法和感受，或是想当然地假设一种别人所谓的感受。这样的换位思考，其实仍局限于自己设定的小圈圈之中，绝对无法体验他人真正的感受和思想。只有真正地"移情"，设身处地地为他人着想，换位思考才能起到积极的作用。

模拟对方的表达方式，用语言提升亲密度

不知道在生活中你有没有遇到过这样的情况：当你挂断电话时，和你待在一起的人不用你说就会知道你刚才和谁通话了。他

们是如何知道的呢？正是从你的说话的方式中听出来的。因为在你和电话那头的人通话时，你不自觉地调整了自己的表达方式，使自己听起来更像是电话那头的人。而你之所以会这么做，是因为这样更容易提升彼此的亲密度。

1. 个人表达

我们每个人都有各自的表达方式。我们常常喜欢在句子中添加一些多余的、不必要的词汇，尤其是在句子结尾的时候，或者在句子一开始。如果你听到对方使用这样的表达方式，那你就和他做一样的吧！

2. 口头禅

几乎每个人都有自己的口头禅，而这些口头禅可能是行话或者其他什么。通常，这些词句是我们从别人那里学来并频繁用的，而我们很少意识到自己正频繁地使用这些词句。所以，和某人建立亲善关系的一条捷径就是注意观察他使用的口头禅，即他讲话时经常使用的词句，然后你自己跟着他说一样的。一旦你开始讲对方的语言，向对方展示你和他类似，你所讲的话就会很容易被对方清楚领会。

3. 行话

一般在谈某些特定的主题时，行话使用率比较频繁。比如，当你谈论打高尔夫球时，有关高尔夫球的一些术语就可能被用到。使用行话，就等于向对方表示你对话题的了解程度和他一样。如果对方使用的术语比你通常使用得多，而你也有足够的知识来应付这些，那就尽管使用和对方一样多的术语。反过来，如果对方使用的术语比你通常使用得少，那你也应该克制自己，不要使用多于对方的术语。比如，如果对方指着电脑屏幕说电脑"坏"了，你就没有必要去问他的电脑硬盘分了几个区，而只需简单地问一下他是否按了显示器关闭键。

我们需要被接受和尊重，我们需要良好的亲善关系，尝试着模拟对方的表达方式，你会发现获得这些也并不是特别难的事。

适当重复对方的话，以获得好感

很多人都有这样的错误认识，总是重复对方的话好像显得自己比较啰唆，容易引发他人的不满，其实实际情况并非如此。的确，过多的重复容易给人造成一种错觉，然而要是重复得恰到好处，适当地重复对方说话的重点，那么对方便认为你很重视这次谈话，能够抓住谈话的重点，那样，效果就不一样了。

在恰当的时候重复对方说话的重点，这是一种加深他人对我们印象的一种最简单有效的方法。这是因为，大部分的人对自己的语言都有一种特殊的感情，尤其是在某些情况下经过深思熟虑之后的发言。这类发言对于自我满足感来说相当重要，这个时候一旦我们对他人的话不以为意或者不加重视，那么很难让他人对我们有什么深刻的好印象，相反还会把我们纳入一种不能"志同道合"的陌生人的范畴，那样我们就无法和这样的人接触、获得他的好感了。但如果你重复了对方的说话重点，那结果就完全不一样了。

其实，在与人交谈的过程中，我们只要以同样的心情了解对方的烦恼与要求，满足一下他们内心的满足感，很容易收到相反的效果的。

因此，当我们与他人交谈时，听取了他人的某种意见后，一面要点头表示自己同意，一面要适当重复对方的话，这样就能让对方感觉受到了重视，从而拉近你们的距离，不由自主地将心里话说给你，将你当作好朋友来接待。

营造让对方吐露真心的氛围

在大部分的情况下，我们都能尽量选择对话的环境，营造和谐的谈话氛围。比如，你绝不会选择在吃午餐的时刻问别人怎样治疗痔疮效果好，也不会在电影开场后的安静环境里大声谈论对方的私事。如何营造让对方吐露真心的氛围？以下方法可供参考：

1. 环境：谁的地盘谁做主

如果你追求一位美女未果，不妨和她去她最喜欢的那家西餐厅。在雅致的小包间里，花4小时细品咖啡和4道精致的菜肴。伴随着悠扬的钢琴曲，还有什么比这种方式更能让一个人吐露心声？当然，如果你实在想不出在哪里谈话比较合适。你不妨直接问他："你想在哪里聊聊？"或者"你有特别想去的地方吗？推荐一下！"

一般情况下，人们在自己的地盘是最为自在和放松的，如果你想让他对你开诚布公，就在他自己的地盘或是他选择的地方吧！在那里，他有一种自己做主、控制谈话内容的感觉。这将使他十分惬意和放松，他也可以将话题发挥得淋漓尽致。反之，如果你让他来你的地盘，例如，你的办公室，他往往会保持警戒，不会对你透露太多，在你的地盘上解读他是很难的。

2. 旁观者：请他赶快离开

这有点像表演开始时清空舞台的感觉，不相关的人，还是请他赶快离开吧！试想一下，如果你问谈话对象一个私人问题，有很多旁观者在场，他会将心里真实的想法吐露出来吗？他往往会表现出自我防卫的姿态。有时候，他甚至会以沉默来对抗你的问题。所以，明智的话赶快清场！

3. 障碍物：一脚踢碎它

你和谈话对象之间的任何物品都可能影响你们的交流，所以很多人在谈话的过程中，选择从桌子后面走出来，坐在交流对象的旁边。谈话的障碍物有很多，它有可能是一个过高的花瓶、多余的水杯或是任何干扰你和对方视线交流的物品。如果你戴着帽子或是太阳镜，也要摘下来。

4. 分心的事物：暂时隔离

如果你的谈话对象聊兴正起，她的心扉已经向你敞开了一半。这时你接了一个不合时宜的电话，10分钟之后，电话被挂断，尽管你说了抱歉，但是你的谈话对象却连刚刚说到哪里都忘记了。一般来说，当一场对话谈到情绪高昂的时候，我们最不想的，就是被电话或其他事物干扰。让人分心的事物，包括：电话、电视，等等。

所以你需要关掉电话，关好房门，当你消除分心的事物时，你已经为坦诚、完美的对话准备了良好的氛围了。

面对不同的人用不同的交谈方式

不同的人所关注和喜欢的东西也会不同，面对不同的人，我们要学会说不同的话。只有投其所好，交谈才能引起对方的兴趣，谈话才能持续下去。

与人交谈时，如果想要达到"交谈甚欢"的境界，最常见的方法就是"投其所好"。要知道，如果你能投其所好，说的话就能深入人心。如果反其所好，只会招来对方的厌恶，甚至还会给自己带来麻烦。

每个人都有可能是他兴趣所在领域的专家，激发对方的兴趣，你不仅会获得新知，有时加以利用，还能够逢凶化吉。

与对方能够畅谈的原则，就是能够顺着对方的喜好，投其所好地交谈。心理学家告诉我们，对于不同类型的人要用不同的交谈方式。

1. 人际关系型

如果对方时常提到自己和某个人的关系，或是某个人和另一个人的关系，就代表他对人际关系很有兴趣。如果你让他知道你也懂得人际关系学，那么，他就会很喜欢和你谈下去。

2. 逻辑思维型

如果这个人说话有条理、很利索，而且用词精确，这种人通常喜欢有逻辑性地去思考，谈话滴水不漏。因此在对话时，你不能只是说出自己的感觉，尽量调动自己的"分析"因子，去分析事物背后的道理。

3. 情感丰富型

当你讨论到对于某个人或某件事情的想法，如果对方说出"这个人好可怜……"之类的话，代表他情感丰富，凡事凭感觉，而且好恶分明。面对这种人，不要谈理论、讲求逻辑分析，他对此可能一点兴趣也没有。

4. 艺术欣赏型

这种人喜欢谈论美术或音乐等话题，你可以和对方讨论最近最热门的商品设计或是音乐表演等，请教对方的意见，不仅让对方有一个表现的机会，你也能从中学到一些知识。

有一位学者曾说过："如果你能和任何人连续谈上10分钟而让对方产生兴趣，那你便是一流的说话高手。"两个陌生人初次见面，如果不能善用机会，投其所好地找出话题，必然不能取得交谈的成功。投其所好，谈论别人感兴趣的事物，会使人感觉受到尊重，同时也是一种深刻了解别人，并与之愉快相处的方式。

看到对方的需要，了解对方的观点

换位思考要求我们从说话者的角度来看待问题："说话者所要表达的观点是什么？他需要的是什么？他想要解决什么问题？"

有一个传教士想知道天堂与地狱的区别，上帝便带他走进一个房间。在这个房间，许多人围着一个正在煮食的大锅坐着，他们又饿又失望。每个人都有一只汤匙，但是汤匙的柄太长了，所以食物没法送到口里。

"来，现在我带你去看看天堂。"上帝带着传教士进入另一个房间，这个房间跟上个房间的情景一样，也有一大群人围着一个正在煮食的锅坐着，他们的汤匙跟先前那群人一样长。所不同的是，这里的人看起来又快乐又满足。

传教士奇怪地问上帝："为什么同样的情景，这个房间的人快乐，而那个房间的人却愁眉不展呢？"

上帝微笑着说："难道你没有看到，这个房间的人都学会了互相喂对方吗？"

如果用更准确的话语来总结，那就是：充满快乐的那个房间的人都看到了对方的需要，并且满足了对方，与此同时，自己的需要也得到了满足。这看似浅显的道理理解起来不难，但做起来却并不容易。

要满足别人的需要，我们首先要去了解他的需要。精神分析心理学派鼻祖弗洛伊德说："别人之所以那么做，一定有他的一个原因。试着找出那个隐藏的原因，你就等于拥有了解释他的行为、了解他个性的钥匙。"观察、倾听、思考是了解他人需要与观点的好办法。

很多时候，了解他人的需要与观点是建立在仔细聆听的基础上的。这不但要求专注，还要求移情，即把自己置身于说话者的位置上，把自己想象成对方。这需要你暂停自己的想法和感觉，努力去理解说话者想要表达的含义，从说话者的角度调整自己的所观所感，这样可以保证你对所听到的信息的理解符合说话者的本意。

希伯来有一个国王叫所罗门，是西方世界智慧的象征。

一次，在国王办公时，有一对老夫妇闯了进来，老翁说他想要离婚，所罗门问为什么，老翁讲出了若干个理由。所罗门边听边点头，最后说："是的，你是对的，你们应离婚。"话音未落，老妇人强烈反对，说绝对不同意离婚，问她理由，她的理由比老翁还要充足。

所罗门同样边听边点头，最后说："是的，你是对的，你们不应该离婚。"

这时，国王身边的大臣见国王如此断案，忍不住站出来当众指责所罗门："国王，你不应该这样断案，你这样断案是不对的。"所罗门同样边听边点头，最后说："不但他们是对的，你也是对的，确实没有如此断案的，尤其这样的事情发生在国王身上。"

所罗门的上述行为并非愚蠢的表现。用心倾听，并且在听的同时把自己想象成对方，这正是所谓的"换位思考"，正是智慧的处世之道。

先为对方着想

与对方沟通交流时，最重要的就是能够以真情感动对方。说话的时候先为对方着想，无疑是很好的办法。

因为一般情况下，自己对某一件事所认为的"对"或"好"并不能代表别人的看法。在沟通时最好先得知对方的看法。看别人怎么理解情势，你就能以对方了解的方式讲话和行事。若你径自表现出"好"或"对"，而不去弄清楚对方是否有相同的看法，你可能会惊讶于对方的反应。

所以在谈话之前你所要做的就是尽你所能了解别人的背景、观点和热诚程度，你因而可以知道：

什么使他们兴奋，什么使他们厌烦，什么使他们害怕。

他们生活中真正需要什么，他们怎么能获得。

你可以从别人的判断知道很多他们的事。

研究他们从前的决定。

知道这些问题的答案，不仅可以避免你犯难堪的错误，还可以让你设计你的表达方式，因而你的意见可以跟他的需要和要求结合，这样就会使你们的沟通更加融洽。

但平时我们最常听见人们对工作环境的 3 项抱怨却是：

（1）他们认为别人不听他们的话。

（2）他们觉得不受尊重。

（3）他们认为别人想办法要控制或操纵他们。

在与别人谈话的过程中，如果你先提自己的需要，以上这3种情况是最可能发生的。当然，你先提别人的需要，它们就最不可能发生。

大部分人对自己的兴趣大过对别人的兴趣，对自己的需要、热衷程度远强于对别人的需要。但是如果你先提对方最有兴趣的、他们需要的事情，就能掌握他们的注意力，建立联结，且赢得他们的信任和尊敬。

另一方面，若你先提自己的需要，人们常不愿聆听、保护自己或使冲突升级。他们可能以愤怒的眼神和僵硬的表情回敬你，怀疑你不考虑他们的需要，你的话一句也不听。这种恐惧和不信任，很容易就出现公开的敌对现象。

此外，人通常在冲突开始时会焦虑。任何能缓和他们恐惧的方法，都会使情形变得较轻松和对每个人有利。在这种时候，如果你先为对方着想，提出他人的需要就是一种很好的解决途径。在一些重大事情中，先提对方的需要，也会使你们成为合作伙伴。你们合作，联合起来对抗问题，而不是互相对抗。

所以，在与对方交往沟通时，如果想取得较为满意的结果，你就必须先为对方着想，满足对方所需。

准确把握对方的观点，才能驾驭全局

人们常说，"有一百个读者就有一百个哈姆雷特"，看莎士比亚的《王子复仇记》，人们对主人公哈姆雷特的感觉迥然不同，一百个读者将可能幻化出一百个各自不同的王子形象。同样的道理，同样一句话，不同的听者对其理解也会有所偏差。这是因为人们之间存在各种沟通位差，对同一件事也会有不尽相同的理解。

但是这种对言语理解上的差异常常被忽略，人们总以为自己说出的话，听者没有异议，就等于听懂，这其实是主观感觉，也是过高的期望。实际上"对牛弹琴""曲高和寡"，或"言者无心，听者有意"等现象，在沟通中普遍存在。于是，因为不能准确地把握别人的观点，沟通失败也就在所难免。

因此，如果我们能准确地把握对方的观点，得知对方的想法，那么沟通将会取得最大程度上的成功。这就需要提到沟通中的"古德定律"。古德定律是美国心理学家 P.F. 古德提出的。他认为，人际关系交往的成功，靠的是准确地把握他人的观点。即有的放矢，方能无往不胜。如果我们不知道别人想什么，那么，无论你做什么说什么也不过是徒劳。

古德定律强调了人际交往中要会"换位思考"，也就是学会"善解人意"。比如，在一个家庭中，如果有一个善解人意的妻子能体谅、体贴丈夫，这个家庭一定会和睦美满，夫妻也容易沟通。这种妻子不光有教养，关键是她们懂得换位思考，凡事能够站在丈夫的立场、角度来感受、考虑与权衡，从而做出与丈夫相近的判断与决定，与丈夫有"所见略同"的智慧和"不谋而合"的默契。

当然，善解人意不单是女子的传统美德，是所有人的美德。一个员工或者领导者，只要学会了换位思考，他就能够较为准确地把握别人的观点，使沟通步入佳境，获得顺畅与成功。

曹操很喜爱曹植的才华，因此想废了曹丕转立曹植为太子。当曹操将这件事征求贾诩的意见时，贾诩却一声不吭。曹操就很奇怪地问："你为什么不说话？"

贾翊说："我正在想一件事呢！"

曹操问："你在想什么事呢？"

贾翊答："我正在想袁绍、刘表废长立幼招致灾祸的事。"

曹操听后哈哈大笑，立刻明白了贾翊的言外之意，于是不再提废曹丕的事了。

曹操提的问题对于身为下属的贾翊来说非常棘手，稍有不慎就会引起龙颜大怒。而贾翊并没有正面地回答问题，这一点相当聪明，既避免了冒犯领导权威，也没有给人阿谀奉承的感觉。这正是建立在准确理解领导背后意图的基础之上的。

通常，在公司员工与员工、员工与领导者之间的沟通中，不论是员工还是领导说话，其实都很难被听者百分之百理解和接受，尽管听者没有表示异议，甚至连连点头称是，却难保听者听懂了，更难保听者是否准确把握了言者的观点。也难怪，许多沟通虽反复多次交谈，却不能奏效，可能正缘于言者观点未能被听者准确把握，甚至听者根本没诚意听，沟通归于失败就是自然的事情。

李平准备借助好友刘兵做生意，在他将一笔巨款交给刘兵后，刘兵不幸身亡。李平立刻陷入了两难境地：若开口追款，太刺激刘兵的家人；若不提此事，自己的局面又难以支撑。

帮忙料理完后事，李平对刘兵的妻子说了这样一番话："真没想到刘哥走得这么早，我们的合作才开始呢。这样吧，嫂子，刘哥的那些朋友你也认识，你就出面把这笔生意继续做下去吧！需要我跑腿的时候尽管说，吃苦花力气的事我不怕。"

他丝毫没有追款的意思，还很豪气，其实他明知刘兵的妻子没有能力也没有心思干下去，话中又蕴涵着巧妙的提醒：我只能跑腿花力气，却不熟那些生意，困难不小又时不我待。结果呢？

倒是刘妻反过来安慰他说："这次出事让你生意上受损失了，我也没法干下去了，你还是把钱拿回去再想别的方法吧。"

如果我们能站在对方的立场上看问题，用真情打动他，引起他情感的共鸣，一般情况对方是会理解的。上述案例中李平只字未提追款一事，相反还让对方先开了口。试想，如果他直接说出来会有多尴尬。他的巧妙之处在于说了一席站在对方立场考虑的话，将心比心，对方自然也能站在他的立场思考问题，不知不觉中就说出了李平想说的话。因此，在沟通中，我们要尽量准确地去把握别人的观点，这就需要我们站在别人的角度去考虑问题，说话时要学会"换位思考"，用"善解人意"的方式准确把握对方的观点，否则就会影响到沟通的效率和成败，严重时会导致人际关系陷入僵局。

第五章

学会倾听，别人才能聊得开

做个"听话"高手

在日常生活中，能聆听别人意见的人，必是一个谦虚的人。这种人在人群中，起初也许不太引人注意，但最后则必是最受人敬重的。因为他虚心，所以受所有人欢迎；因为他善于思考，所以便为众人所敬仰。

怎么去做一位"听话"的高手呢？

首先是要"专注"。别人和你谈话的时候，你的眼睛要注视着他，无论他的地位和身份比你高或是低，你都必须这样做。只有虚浮、缺乏勇气或态度傲慢的人才不去正视别人。

其次，别人和你说话时，不可做一些与此无关的事情，这是不恭敬的表现，而且当他偶然问你一些问题，你就会因为不留心听他所说的话而无从回答了。

聆听别人的话时，偶尔插上一两句赞同的话是很好的，不完全明白时加上一个问号也是非常必要的，因为这正表示你对他的话留心了。

但是，你不可以把发言的机会抢过来，就滔滔不绝地说自己的，除非对方的话已告一段落，该轮到你说话时才可以这样做。

无论他人说什么，你不可随便纠正他的错误，如果因此而引起对方的反感，那你就不可能成为一个良好的听众了。批评或提出不同意见，也要讲究时机和态度，否则，好事会变成坏事。

有些人常喜欢把一件已经对你说过好几次的事情重复地说，也有些人会把一个说了好多次的笑话还当新鲜的东西。

你作为一位听众，你不能对他说"这话你已经说过多次了"，这样会伤害他的自尊心，你唯一能做的事是耐心地听下去，你心里明白他是一个记忆力不好的人。你应该同情他，而且他对你说话时充满了好感和诚意，你应该同样用诚意来接受他诚意。

但如果说话的人滔滔不绝而你又毫无兴趣，觉得花时间和精力去应酬他是十分不值得的，这时，你应该用更好的方法，使他停止这乏味的话，但千万要注意，不可伤害他的自尊心。

最好的方法是巧妙地引他谈第二个话题，尤其是一些他内行而你又感兴趣的话题。

为了让自己更会"听话"，最好还要做好以下 5 个方面的训练：

（1）训练"听话"时的注意力。想听得准确，必须排除干扰。可以用这样的方法来训练：同时打开两台以上的收音机，播放不同内容，然后复述各个收音机播放的内容。

（2）训练"听话"时的理解力。可用这样的方法：找朋友闲聊，但要有意识地锻炼自己的理解力。

（3）训练"听话"时的记忆力。就是学会边听边归纳内容要点，记住关键性词语，以及重要的事实和数据。

（4）训练"听话"时的辨析力。即迅速分辨出争论各方的不同观点和逻辑关系，并加以评析。

（5）训练"听话"时的灵敏力。即能很好地在各种场合与各种对象交谈。经过足够的训练，再经过实际锻炼，你一定会成一名"听话高手"。

倾听是对别人的最好赞美

美国的汽车推销大王乔·吉拉德在一生的推销生涯中，卖出了1万多辆汽车，其中有一年卖出汽车1425辆，这一纪录被载入吉尼斯世界纪录中。在他的工作过程中，有过这样一次经历。

一天下午，一位先生来向他买车，吉拉德向他介绍，眼看那位先生就要签单了，结果却放弃了购买，走了出去。

到了深夜11点钟，吉拉德仍在沉思为何失败，不知道错在哪里。平时这时候，他是在回味这一天的成功呢！

吉拉德再也忍不住了，拿起电话打了过去，问那位先生为什么不买他的车。

"现在是晚上11点钟。"对方不耐烦地说。

"我知道，很抱歉。但是我要做个比别人更好的推销员，你愿意告诉我究竟我哪儿错了吗？"

"真的？"

"绝对！"

"好，你在听吗？"

"非常专心！"

"但是今天下午你并没有专心听话。"那位先生告诉吉拉德，他本来下定决心买车，可是在签字前最后一分钟犹豫了。因为当他提到自己的儿子杰克要进密歇根州大学，准备当医生，杰克很有运动能力等时，吉拉德满不在乎，一点儿兴趣也没有。当时吉拉德一边准备收钱，一边听办公室门外另一位推销员讲笑话。

倾听不仅是一种对别人的礼貌与尊重，也是对讲话者的高度赞美与恭维。而上述例子中，吉拉德没有积极倾听对方的话，以致对方在最后一分钟犹豫了，就是因为他忽略了这点。

每个人都希望获得别人的尊重，受到别人的重视。当我们专心致志地听对方讲，努力地听，甚至是全神贯注地听时，对方一定会有一种被尊重和重视的感觉，双方之间的距离必然会拉近。

经朋友介绍，重型汽车推销员乔治去拜访一位曾经买过他们公司汽车的商人。见面时，乔治照例先递上自己的名片："您好，我是重型汽车公司的推销员，我叫……"

才说了不到几个字，该顾客就以十分严厉的口气打断了乔治的话，并开始抱怨当初买车时的种种不快，例如服务态度不好、报价不实、内装及配备不对、交接车的时间等待得过久……

顾客在喋喋不休地数落着乔治的公司及当初提供汽车的推销员，乔治只好静静地站在一旁，认真地听着，一句话也不敢说。

终于，那位顾客把以前所有的怨气都一股脑地吐光了。当他稍微喘息了一下时，方才发现，眼前的这个推销员好像很陌生。于是，他便有点不好意思地对乔治说："小伙子，你贵姓呀，现在有没有一些好一点的车种，拿一份目录来给我看看，给我介绍介绍吧。"

当乔治离开时，他也已经兴奋得几乎想跳起来，因为他的手上拿着两台重型汽车的订单。

从乔治拿出产品目录到那位顾客决定购买，整个过程中，乔治说的话加起来都不超过10句。重型汽车交易拍板的关键，由那位顾客道出来了，他说："我是看到你非常实在、有诚意又很尊重我，所以我才买车的。"

玫琳凯·艾施在《玫琳凯谈人的管理》一书中，曾对倾听的影响做了如此的说明："我认为不能听取别人的意见，是自己最大的疏忽。"

有许多顶尖的营销人员，他们的营销能力与其他同事差不多，然而，他们的业绩却高出同事 10 倍、20 倍之多。你可知道，为什么有这么大的差别吗？原因主要在于他们能倾听别人说话。

把说话的权利留给别人

我们也许有过这样的经历：和别人聊起一个自己很感兴趣的话题时，对方开始打开话匣子，没完没了地说，一开始，自己还觉得很投机，后来就开始不耐烦，接着是厌烦。原因是什么？很简单，对方只顾自己说，而忽略了你。谁都不乐意一味地听别人说话，所以，与人交谈时，即使是一个很好的题材，对方很感兴趣，说话时也要适可而止，不可无休无止，说个没完，否则会令人厌倦。说一个题材之后，应当停一下，让别人发言，若对方没有说话的意思，而整个局面由于你的发言而人心向你，这个时候仍必须由你来支持局面，那么，就必须要另找题材，如此才能引起大家的兴趣并维持其生动活泼的气氛。

在谈话当中，对方的发言机会虽为你所操纵着，但是，在说话过程中，应容许别人说话，给别人说话的机会。更好的方法是找机会诱导别人说话，这样气氛更浓，大家的兴致更高，朋友之间也更融洽。当说到某一节时可征求别人对该问题的看法，或在某种情形时请他试述自己的见解，总之，务必使对方光听着，如果话题转了两三次，而别人仍没将说话机会接过去的意思，或没有主动发言的能力，应该设法在适当的时候把谈话结束。即使你精神好，也应该让别人休息。千万不要以为别人爱听你说话，就不管别人的兴趣而随便说下去，这背离了说话艺术之道。

在社交上，最好的谈话，是有别人在参与谈话。那种看来不爱说也不爱听的人，常常坐在一个角落里，吸着香烟，当他偶然听见另外一些人哄然大笑时，也照例跟着一笑，但是，这种笑显然是敷衍的，因为那种笑容随即就收敛了，他的眼光已经移到窗外的墙壁上或者其他的目标上，这种人不会单独来看你。你要明白，这类人或因年纪小，或因学问兴趣较高，而时下在座的其他人比较市井气一点儿，谈天说地，谈话的话题无非是饮食男女等，使较有修养的人望而却步，所以，他才独自躲在一角。只要你知其症结所在，你便可以在几句谈话中探得他的学问兴趣，然后和他谈论下去，这样便很自然引起谈话内容。只要你恰当地提一些问题，就可以得到一个增长你学识的机会。他见你谈吐不俗，一定会引你为知己，如此一来，僵局就打开了。年纪较大或较小的一类，因年龄差距大，社会经历、生活经验不同，因而兴趣不同，趣味也无法相投。所以可以采用上述方法来打开话题。

善于倾听让你赢得好感，处处受欢迎

倾听是我们对别人的一种最好的尊重。很少有人能拒绝接受专心倾听所带来的赞许。

因此，如果你希望成为一个善于谈话的人，那就先做一个注意倾听的人。要使人对你感兴趣，那就先对别人感兴趣。

最成功的商业会谈的秘诀是什么？注重实际的著名学者依里亚说："关于成功的商业交往，并没有什么秘密——专心地倾听那个对你讲话的人最为重要，没有别的东西会使他如此开心。照此下去，合作成功是自然的了，再也没有比这更有效的了。"

纽约电话公司曾遇到一位恶意咒骂接线员的顾客。这位顾客态度刁蛮、满腹牢骚，十分不容易对付。他甚至威胁要拆毁电话，拒绝支付他认为不合理的费用。他写信给报社，还屡屡投诉，致使电话公司引起数起诉讼案件。

最后公司中的一位经验丰富的"调解员"被派去访问这位不近情理的顾客。这位"调解员"静静地听着，并对其表示同情，让这位好争论的仁兄尽情发泄他的满腹怨言。

"我在他那儿静听了几乎有 3 个小时，"这位"调解员"讲述道，"以后我再到他那里，仍然耐心地听他发牢骚，我一共访问了他四次。在第四次访问结束以前，我已成为他正在创办的一个团体的会员，他称之为'电话用户权利保障协会'。我现在仍是该组织的会员。有意思的是，据我所知，除这位先生以外，我是他唯一的会员。

"在这几次访问中，我耐心倾听，并且同情他所说的每一点。我从未像电话公司其他人那样同他谈话，他的态度慢慢变得和善了。我要见他的真实目的，在第一次访问时没有提到，在随后的两次也没有提到，但在第四次我圆满地解决了这一案件，使他把所有的欠账都付清了，他也撤销了投诉。"

毫无疑问，这位仁兄自认为在为正义而战，在为保障公众的权益而战，但实际上他需要的是自重感。他试图通过挑剔、刁难来得到这种自重感，但在他从公司代表那里得到自重感后，他所谓的满腹牢骚就化为乌有了。

有一句名言说得好："善言，能赢得听众；善听，才会赢得朋友。"

倾听就是最好的鼓励，这表示你对他的观点感兴趣，欣赏他说话的方式，甚至是欣赏他整个人。反之，你对一个人的谈话不感兴趣，很容易让他误以为你不喜欢他本人，尽管事实上并非如此，但他的感觉就是这样的，从而对你产生反感。

如果你希望别人喜欢你、尊重你、在背后称道你，这里有一个方法：耐心倾听对方的话，不管他说什么都兴味盎然，哪怕知道他将说什么也绝不打岔。你将发现，即使一个最不讲道理、最顽固的人，也会在一个有耐心、具有同情心的听者面前软化下来，变得像小猫一样乖顺。反之，如果你希望别人躲闪你、轻视你、在背后嘲笑你，也有一个方法：决不要听人家讲三句话以上，而是不断地谈论你自己。如果你知道别人所说的是什么，就不要等他说完。既然他不如你聪明，为什么要浪费你的时间倾听他的闲聊？如果你这样做，你将发现，即使一个脾气温和的人，也会在你面前变得轻率不恭、不近人情。

请记住，跟你谈话的人，对他自己、他的需求和他的问题，比对任何人、任何事更感兴趣。他对自己的牙痛，比对非洲的40次地震更感觉强烈。因此，交际学上的一条最重要的规则是："做一个好的倾听者。鼓励他人谈论他们自己。"如何提高倾听的能力？以下提几点建议：

1. 全心全意地聆听

在与人交谈时，尽量地使对方谈他所感兴趣的事，并用鼓励性的话语或手势让对方说下去，并不时地在不紧要处说一两句表示赞同的话，对方会认为你尊重他。

2. 学会洗耳恭听

轻敲手指或频频用脚打拍子，这些动作是会伤害对方的自尊心的。眼睛要看着对方的脸，但不要长时间地盯住对方的眼睛，因为这样会使对方产生厌恶的情绪。只要你全神贯注，轻轻松松地坐着，不用对方将音量放大也可以一字不差地听进耳朵里。

3. 协助对方把话说下去

这一点很重要，因为别人说了很多话以后，如果得不到你的反应，尽管你在认真地听，对方也会认为你心不在焉。在对方话语的不紧要处，不妨用一些很短的评语来表示你在认真地倾听，诸如"真的吗？""太好了！""告诉我是怎么回事？""后来呢？"这些话语会使对方兴趣倍增。

假如你和一个老朋友在一起吃饭，他说他前几天跟上司吵了一架，这几天闷得很。如果你对他说："到底是怎么回事，说说吧。"他会对你说很多，他有了一次诉苦的机会，心情便会好受许多，自然你们的友情也会更加深一层。

4. 把说话的机会奉还给人

有些人有一种错觉，以为在求人帮助时，越能说话，越能诉苦，就越容易成功，事实上并非如此。所以，在你滔滔不绝讲话的时候，注意也要把说话的机会奉还给别人。

5. 不要插嘴

在别人讲话的时候，如果你自作聪明，用不相干的话把别人的话打断，这会引起对方的愤怒的。

6. 要学会听出言外之意

同一句话也可以听出其弦外之音、言外之意。

7. 用心听，要听全面

欣赏对方的为人，这一点很重要。仔细聆听，能帮助你做到这一点。认真听，并且要听全面的而不是支离破碎的话语，否则你可能会妄加评说，影响沟通。

倾听是一种无私的举动。它可以让我们离开孤独，进入亲密的人际交往，并与人建立友谊。

听出话外音，沟通更顺畅

在日常交往中，通常存在着两种类型话语：一种是表面话语，而另一种是"弦外之音"。"弦外之音"是大部分人真正表达其感情或祈求的内心话，因此，如果想要正确地理解他人，让沟通顺利进行，我们就必须懂得如何去听取对方话语中的"弦外之音"。

1. "可能吧"其实是"我不同意你的说法"

你也许会想，是他没有思考出否定的意见才这么回答吧。当然，不排除这个可能，但是大部分时候说出"可能吧"往往有言外之意，潜台词很明显是"我不同意你的说法"。

我们暂时假设他有不同的意见。设想一下，在大家都对你的想法持肯定态度的时候，他往往不好意思直接提出异议。如果他直言不讳地说："我不同意你的说法。"这需要很大的勇气。这样的人自我防范意识很强，他往往很老练，而且有很多顾虑。也许他觉得只有自己一个人提了反对意见，会招来大家的反感。然而，他又不想违心地表示赞同。在这种情况下，他懂得含蓄，知道迂回，于是只好以一句"可能吧"来敷衍。

2. 说"可是"是听不进去的表现

在恋人、朋友或同事之间，我们经常可以听到耐人寻味的"可是……"。比如在你开会讨论问题时候，经常有人会说"可是"，这样你很容易就感到手足无措。你和大家一直在讨论一个问题，但就有那么一个人一直在用"可是"强行转换话题，结果刚刚谈论得有点眉目，讨论又不得不中断。

发现人们用"可是"来改变话题的时候，这其实也是他们听不进去，想回避话题的表现。例如，妻子问丈夫是否想要小孩。

先生回答："我是喜欢小孩，可是我们还没有准备好啊，我的工作很忙。现在要孩子太不是时候了……"随着话题的延伸，他提到了工作，"可是"后面的阐述才是他真正想表达的，他没有真正听进去妻子的想法。

3.说"年轻真好啊"，其实是想听到赞美的话

在生活中，我们也常常听年长的人说"年轻真好啊……"其实，后半句根据情境的不同，可以理解为"我可没有那么好的体力""我可没有那么大的冲劲"，等等。不管怎么说，看似羡慕感叹的话实际上却有另外的含义。

当你听到上司在夸奖你"年轻真好"的时候，他的心里有可能在说："年轻真好啊，不过我和你们年轻人不一样，我更注重实际。"后一句话的真正含义，需要联系具体语境，你才可以真正体会到。他的心底有个声音分明在说："我承认年轻很好，但是我和你不同，我更了解脚踏实地才能把理想变成现实。"如果此时你识破了他的话外音，你来一句"其实我觉得还有更好的方法，请您多赐教"，相信你的上司一定会乐此不疲地对你教诲了。

第六章

学会提问，你才能和别人聊得透

漏斗法则：从开放式的问题开始，逐渐缩小范围

每种类型的问题都有最合适的谈话情境，知道什么时候用哪种类型的问题，对于想从别人身上得到可靠信息的你来说，是非常重要的。

1. 开放性的问题

开放式的问题简直可以用闲谈来形容，轻松得好像你们就是在拉家常。这类型的问题不会有所指向，谈话对象也不用分辨哪一种答案会取悦于你，没有担心，他自然就可以轻松地说出心里话。开放式的话题是你获得客观信息的首选。

当然，开放式话题也有缺点。由于它们太宽泛了，答案有时候会完全脱离轨道，你得到的信息往往都不是你想要的。而且开放式的问题也相当费时，有时候唠唠叨叨谈了半天，却没有你想要的答案。开放式的问题也给谈话对象规避问题创造了条件。

2. 诱导式的问题

开放式的问题没有限定任何答案，而诱导式的问题则有限制。有时候限制是有利的，因为这样可以引导谈话的方向，避免浪费了大量的时间和精力却不得要领。如果你想知道你的员工工作热情如何，不要问他今天都做了什么，而是问一个诱导的问题："你今天几点到公司的？"

如果你想从一个闪烁其词的人口中得到直接的答案，你可以

好好利用诱导式问题。否则，如果你问他开放式的问题，估计问三天三夜也问不出结果。另一种使用诱导式问题的情况，是让对方知道你事先掌握了他的一些信息。例如，母亲对儿子说："我知道你一直都不喜欢舞蹈，但是学了拉丁舞是不是有一些不同的感觉？"或者商人对潜在的客户说："这项计划是否和去年……事情有关？"这些问题能促使谈话对象坦露更多的信息。

3. 争论式的问题

争论式的问题给人的感觉就是争论、辩解。有时为了取得重要的信息或揭发谎言，你不得不使用这种问题。在日常生活中，使用威胁的手段强迫对方承认以取得答案应该是最后的手段。有时候，在最激烈的言谈攻击下，你的谈话对象不得不承认他"没有犯过的错"。但是冷静之后，他往往会表示这是为了避开你，为了逃离现场才那样说的，这样的态度转变有时难辨真伪。有时候你逼得紧了，他甚至会说："好吧，我承认，你不就是想让我承认吗？现在你得到了你想要的答案，可以走了吗？"

探路式提问，降低对方的"警戒心"

生活中，当我们与某人第一次见面时，不管有多想了解对方，一定不能忽视问话禁语的问题，要耐下心来慢慢诉说。

第一次见面，不管出于怎样的目的，总希望尽可能多地了解对方，一个又一个的问题就这样问了出来。殊不知，这样的问话方式会给对方造成不适之感，对方对你本就不熟悉，戒心会更重。最开始问话的一方往往觉察不到这种迹象，直到对方表现出明显的回避与提防的情形时，问话方才不得不就自己的问话做一番解释。于是疑云消散，双方的交谈才逐渐融洽。但是，如果在对话的最开始就先讲明自己询问某些事的原因，交流的效果会更好。

小超是动漫爱好者，最近又迷上飞机模型的制作，经人介绍认识了一个叫赵彦的模型高手，两人一见面就谈了起来。

小超："听说你是这方面的行家？"

赵彦："也不算吧，只是喜欢玩而已。"

小超："你做这个多少年了？听说这行里的有些人很神秘，之前都是专门设计飞机的？飞机的原理是不是很复杂？有没有什么有意思的事透露一下？"

听了小超的这几句话，赵彦的面部表情突然严峻了起来。

"你问这些干什么？我不知道。"

感到对方有明显的抵触心理，小超连忙说道："不好意思，我解释一下，我之所以问你飞机原理的事，是因为我最近在学着做飞机模型，我朋友没跟你说？"

赵彦摇摇头："他只说你想认识我一下，没说具体是什么原因。"

"噢，那就是我的不对了，我应该提前告诉你我那么问的原因的。除了飞机原理，我还想知道咱们国内制作飞机模型的整个状况，经费等，毕竟我刚接触这个，这方面的知识还非常缺乏，可以吗？"

"当然啊。你一解释我就明白了，不然一见面就问我飞机原理什么的，我感到很奇怪。"

"哈哈，我的错，我的错。"

小超就犯了只顾问而没有解释的错误。他的问题让对方疑虑重重，甚至因为问题的敏感而怀疑他。因为有这样的想法，对方的心就会关闭得更严，而交流自然无法畅通。在这个过程中，对方还是一种戒备心，没有把小超当真正的朋友，而小超那样问，也是没读懂对方的表现。

不熟悉的人相见，认知总需要一个过程，切不可因为想急切了解某些问题而忽视了思想"互通有无"的过程。简而言之，就是让对方对你跟他对话的目的有个大概的了解，让他心中有数，他才会对你的问题予以解答。

小超一开始就发问，感觉到了对方内心的变化：由陌生到抵触，不解释给对方，可能更加防备，这样发展下去的后果很可能是不欢而散。小超热情四溢，对方却一直是冷状态。

在一些需要解释的问题之前做出必要的解释，跟对方说明自己这样问的意图。这样才能让他最大限度地敞开心扉说出自己的想法，你也会更加了解这个人。

设置心理"陷阱"，由浅及深问到底

两个陌生人，并不是无话可聊，而是没有找到适合双方的话题。这样的话题常常需要一个试探的过程，而要想经历这个过程，就要有锲而不舍的精神，不能因为一两次的受阻就不再问下去。问得越深、越广、范围越大，就可能找到尽可能多的谈资。

在某些沉闷的环境里，没有人愿意开口跟陌生人说一句话，那是出于一种防备心理，在这种时候，该怎么办呢？你也要一直沉闷下去吗？

假如你正坐在火车上，已经坐了很久，而前面还有很长很长的路程。你想与他人讲讲话，而且要尽力使你的谈话显得有趣。你该怎么做呢？

坐在你旁边的人像是一个有趣的家伙，而你颇想知道他的底细，于是你便搭讪道："真是一段又长又讨厌的旅程，你是否也有这种感觉？"

"是的，真讨厌。"

他回答着，而且语调中包含着不耐烦。

"若看看一路上的稻田，倒会使人高兴起来。在稻谷收获之前的一两个月，那一定更有趣吧？"

"唔，唔！"他含糊地答应着。

这时，如果你没有勇气问下去，你们的谈话就会到此为止，沉默就会继续。但如果你不再只是问一些表面问题，而是换一个稍微深入的，能引起他兴趣的话题，对方可能就不再沉默了。

"今天天气真好啊，真是适合踢球。今年秋天有好几个大学的球队都很出色，你对这件事有关注吗？"

这时，那位坐在你身旁的乘客直起身来。

"你看理工大学球队怎么样？"他问。

"理工大学球队很好，虽然有几个老将已经离队，但那几位新人都很不错，对这个球队你也关注？"

"嗯，是的，你曾听到过一个叫李小宁的队员吗？"他急着问。

李小宁这个人你或许听说过，或许没听说过，这都不是关键，关键是李小宁这个人能引发对方的谈话兴趣。你就可以顺着他的话说："他是一个强壮有力，而且品行很好的青年。理工大学球队如果少了这位球员，恐怕实力将会大减。但是李小宁毕业了，以后这个队如何还很难说。怎么，你认识他？"

这位乘客听了这话便兴高采烈、滔滔不绝地谈了起来。

挖掘到对方最感兴趣的话题，让原本陌生的两个人逐渐熟悉起来，谈话气氛也会变得融洽。

面对陌生人的时候，为了迅速打开话匣子，可熟练掌握以下几种方法：

1. 从对方的口音找话题

对方的口音可以告诉我们他大概的出生地或者居住过的地方，从此处入手，就可询问相关的风土人情、著名人物等问题，激发对方的谈话欲望。

2. 从与对方相关的物品找话题

对方携带的东西通常跟他的兴趣和爱好有关，从此处入手，更容易打开对方的话匣子。如果对方拿着一本体育杂志在看，一句"你是喜欢体育吗"，就会让双方的距离瞬间缩短很多。

3. 从对方的衣着打扮找话题

一个人的穿着常常反映他的品位，如果从他衣服的品牌开始交谈，沟通或许会更加融洽。

提问环环相扣，让其退无可退

主动抛出问题，就会打乱对方的心理节奏，让他自乱阵脚，自己也会逐渐在对话中占据优势。

小董是一家公司的业务员，刚上班不久就被派到外地去收欠款。欠钱的是一家实力不弱的公司。临去之前，小董还特意调查了对方的资料：实力雄厚，老板为人正直。小董想，之所以钱一直要不回来可能因为是旧账的缘故，业务员换了好几个，程序都接不上了，这次他好好跟对方说说，应该没什么大问题。但是，直到他见到那个老板，小董才知道，他把事情想得太简单了。

小董："您好，您是这家公司的老板吧？我是××公司的业务员，我是为那笔旧账来的，您应该知道吧？"

那人一听，眉毛一横。

"旧账？什么旧账？我从来不欠人家什么。"

没想到对方会抵赖，小董就拿出了账单，说："要不您看看？我说得没有错，不然会来麻烦您吗？"

那人看都不看就把账单扔到一边。

"什么账单？我不看，别浪费我时间了。"

小董一看，对方确实不好对付，不能再任由他这样下去了，他不认账，小董就主动问。

"您赖账也罢不赖账也罢，白纸黑字都在这写着呢，2005 年 20 万元钱的货是怎么回事？一个叫李明的业务员从我们公司拉了货就回来了，说过几天就给钱，这都过了多少天了？钱呢？您可能会说你们公司没这个人，告诉你吧，来之前我都打过电话核实了，人还在你们公司里，哪个部门我都知道。"

"胡扯，根本没有这事。"

"还想抵赖，2005 年 6 月份还有一笔货款没结，也说过几天结。我们觉得是老客户就没追着催，这账单上都写着，上边还有您的签字和指纹，您不会说这些也是假的吧？"

"哪有签字？哪有指纹？"那人嚷着要抢账单，小董赶紧躲开了。

"来之前我已经想好了，能自己解决就自己解决，不能解决的直接跟相关部门汇报，您要是威胁我，我就打 110，没想到我会这么做吧？还想一直赖下去吗？"

之前一直非常嚣张的欠债人听到小董要报告相关部门，突然紧张得一句话也说不出来。如果被处罚，公司的损失肯定会更大，在整个业界的声誉也会非常坏。想到这里，那人就软了下来。

"年轻人，不要冲动嘛，有事好说，我也是小本经营啊。"

"既然知道做生意不容易，为什么还要为难我们？非得让我这样您才满意？"

"好，好，我还你们欠款，今天就办。"

当遇到一个蛮横的人的时候应该怎么办呢？当这个蛮横的人又恰好欠了你东西就是不还的时候，又该怎样处理？相信，这样的问题让很多人都有挠头之感。

小董开始本想用和风细雨的方式让对方还钱，他想在循循善诱间让对方明白欠债应该还钱的道理。对方提一个问题自己就回答一个。渐渐地，小董察觉到对方一直在用这种方法抵赖，而他的蛮横也让小董明白软弱被人欺。他就决定主动出击，将问题在对方问出或者躲避之前一一抛出，让他没有退路。同时，在气势上压倒他。

直到小董说会将欠债的事上报相关部门，质问对方怕不怕，欠债方才彻底服软。先前的嚣张气焰不见了踪影，取而代之的是配合。小董问到了对方的痛处和畏惧的地方，他当然只有"束手就擒"的份了。试想一下，如果小董不问这样一个问题，对方可能会一直抵赖下去，心理上一直保持强势状态。主动抛出问题，就会打乱对方的心理节奏，让他自乱阵脚，自己也会逐渐在对话中占据优势。

有些人的强大是装出来的，为了达到自己的私利用假象迷惑别人，外强中干。这样的人，通过外在并不能看出什么端倪，只有通过交谈，才知道他的强大到底是实还是虚。而最佳的交流方式之一，就是先将存在的问题抛出，而不是被动地接受问题。

主动抛问题代表一种强烈的寻求掌控权的思维模式，只有有了掌控权和话语权，对方的思想才能渐渐被你掌握，掌握了一个人的思想，他的心思还会无法看透吗？

掌控局面，引导对方自觉说真话

一个严冬的夜晚，两个人初次见面。

对话一：

"今天好冷啊。"

"是啊。"

"……"

"……"

对话二：

"今晚好冷！像我这种南方人，尽管在这里住了几年，但对这种天气还是难以适应，你感觉怎么样？"

"是啊，我父母虽然是北方人，但我也是从小在南方长大的，在这里还是不适应。"

"你也是南方的？你是南方哪儿的？"

"我是南方……"

以上两段对话均来自两个陌生人初次见面的情景。在对话一里，两人见面说的第一句话非常普通："今天好冷啊""是啊"。从字面上就能判断出双方的聊天能力一般。

对话二则不同。第一个人见面就说自己是在南方长大的，对北方这种寒冷的天气很不适应，然后又问对方感觉怎么样。对方虽不是纯正的南方人，但也是在南方长大的，因此，两个人有共同话题，你来我往间，彼此就会越来越融洽。

从对话二中可以分析到，见面的两人一个是纯正的南方人，另一个只是从小在南方成长，父母是北方的，两者虽有差异，但主动问话者故意忽略了这种差异，只强调双方的相似性：都在南方有一段成长经历，对北方寒冷的冬季极不适应。因为有了相似的经历，话题才会越来越多。

从心理学上讲，人往往会因为彼此间相似的秉性或者经历走到一起，在认同和被认同的过程中，慢慢由陌生变得熟悉。没有人希望与自己对话的那个人是个和自己没有丝毫相同点的人，那样的话，两人很难有聊得来的话题。甚至，有可能有矛盾、冲突，这也就是对话二的问话人求同存异的原因。

因为有了相同的地方，第一次见面的两个人才会渐渐有亲切感，慢慢放下戒备的心。除此之外，消除陌生感的方式还有以下几种：

1. 攀认式

赤壁之战中，鲁肃见诸葛亮的第一句话是："我，子瑜友也。"子瑜，就是诸葛亮的哥哥诸葛瑾，他是鲁肃的挚友。短短的一句话就定下了鲁肃跟诸葛亮之间的交情。其实，任何两个人，只要彼此留意，就不难发现双方有着这样或那样的"亲""友"关系。

例如，"你是××大学毕业生？我也在××进修过两年啊。你还记得××吗？"

"你来自苏州？我出生在无锡，两地近在咫尺，今天得好好聊聊！走，有没有兴趣喝一杯？"

2. 敬慕式

对初次见面者表示敬重、仰慕，这是热情有礼的表现。但用这种方式必须注意，要掌握分寸，恰到好处，不能胡乱吹捧，不要说"久闻大名，如雷贯耳"之类的过头话。表示敬慕的内容也应该因时、因地而异。

3. 直呼其名，缩短彼此的心理距离

在和陌生人接触时，一个比较关键的细节就是该如何称呼对方。称呼得好，就可以迅速拉近彼此之间的心理距离，使双方很快建立友好关系；称呼得不到位，双方还是会形同陌路，关系难以发展，生意也就比较难做了。所以你应该使用一些比较特别的让别人感觉亲近的称呼，来迅速改变你们的关系。

在平常生活中，我们常常看到，某个人与另一个人虽然见面不久，关系不算是亲密，但他也能用昵称来称呼对方。这意味着什么？意味着他希望尽快拉近与对方的距离。这也是政治家们将对手"化敌为友"的惯用手法。面对一个从未谋面的人，他们也能够用一种非常自然、非常亲切的口吻喊出对方的名字。

这种交际方法也常为我们所用。比如，遇到一个难以接近的朋友，你试图接近他（她），不妨直呼其名或者请他（她）直接叫你的名字。面对你的同事，你希望与他（她）走得更近，不妨偶尔称呼他（她）的昵称或让他（她）称呼你的昵称。当然，你要表现得尽可能地自然。如果真能那样，你们的距离就能因此而拉近，事情便很容易解决。

第七章

有分寸，和谁都能聊尽兴

看准机会再说话

孔子在《论语·季氏》里说:"言未及之而言谓之躁,言及之而不言谓之隐,未见颜色而言谓之瞽。"这句话有三层意思:

一是没轮到他说话的时候却先说了,叫作急躁;

二是应该他说话的时候却不说,叫作隐瞒;

三是不看对方的脸色变化,贸然信口开河,叫作闭着眼睛瞎说。

这三种情况都是没有把握说话的时机,没有注意说话的策略和技巧。因为说话是双方的交流,不是一个人的单方面行为,它要受到诸如说话对象、设定时间、周边环境等种种限制,所以说话要把握时机。如果该说的时候不说,时境转瞬即逝,便失去了成功的机会。同样的,如不顾说话对象的心态,不注意周边的环境气氛,不到说话的火候却急于抢着说,很可能引起对方的误解,甚至反感。如果信口开河,乱说一通,后果就更加严重。

把握说话时机非常重要,这个过程需要充分的耐心,也需要积极进行准备,等待条件的成熟,但绝不是坐视不动。《淮南子·道应》云:"事者应变而动,变生于时,故知时者无常行。"安陵君的过人之处,便在于他有充分的耐心,等待楚王欢欣而又伤感的那个时刻。此时,动情表白,感人肺腑,愉悦君心,终于受封,保住了长久的荣华富贵。

插话要找准时机

在别人说话时，我们不能只听到一半或只听一句就装出自己明白的样子。我们提倡在听别人说话时，要不时做出反应，如附和几句"是的"等话语，这样既让说者知道你在听他说，又让他感觉你在尊重他，使他对你产生浓厚的兴趣。

但是，万事都有所忌，都要把握分寸。许多人过分相信自己的理解和判断能力，往往不等别人把话说完就中途插嘴，这种急躁的态度很容易造成损失，不仅容易弄错了对方说话的意图，还有失礼貌。当然，在别人说话时一言不发也不好，对方说到关键的时刻，说完后，你若只看着对方，而不说话，对方会感到很尴尬，他会以为没有说清楚而继续说下去。

还有不少人在倾听别人说话时表现得唯唯诺诺，好像什么都听进去了，可等到别人说完，他却又问道："很抱歉，你刚才说了什么？"这种态度，对于说话者来说是有失礼节的事。

所以说，即使你真的没听懂，或听漏了一两句，千万别在对方说话途中突然提出问题，必须等到他把话说完，再提出："很抱歉！刚才中间有一两句你说的是……吗？"如果你是在对方谈话中间打断，问："等等，你刚才说的那句话能不能再重复一遍？"这样，会使对方有一种受到命令或指示的感觉，显然，对方对你的印象就没那么好了。

听人说话，务必有始有终。但是能做到这一点的人并不多。有些人往往因为疑惑对方所讲的内容，便脱口而出："这话不太好吧！"或因不满意对方的意见而提出自己的见解，甚至当对方有些停顿时，抢着说："你要说的是不是这样？"这时，由于你的插话，很可能打断了他的思路，使他忘了要讲些什么。

人人都有这样的经验：有时，同某人在一起说话很愉快；有时同某人在一起，感到很烦，本来很感兴趣的话题却不想谈下去。究其原因，主要是因为对方说话不讨人喜欢，该问的问，不该问的也问，所以让我们觉得厌烦。说话要讲究轻重、曲直，更要有个眼力见儿，知道哪些话该说哪些不该说，哪些该问哪些不该问。

此外，在日常交际中，不可问及别人衣饰的价钱；不可问女子的年龄（除非她是 6 岁或 60 岁以上的时候）；不可问别人的收入；不可详问别人的家世；不可问别人用钱的方法；不可问别人工作的机密，如化学品的制造方法，等等。

凡是别人不知道或不愿意让人知道的事情都应避免询问。问话的目的在于引起双方的兴趣，而不是使任何一方没趣。若能让答者起劲，同时也能增加你的见识，那是使用问话的最高本领。

一位社交家说："倘若我不能在任何一个见面的人那里学到一点儿东西，那就是我处世的失败。"

这句话很发人深省，因为虚怀若谷的人，往往是受人欢迎的。记住，问话不仅能打开对方的话匣，而且你可以从中增益学问。

顺着对方的话锋说话

顺梯而下，是指依据当时有利的时机，只要有可能，应顺势而下，不需要特意地去找，自然而然，做得巧妙，不会引起他人的注意，自己依然保持着主动的局面。顺梯而下有两种表现。

1.顺着对方的话题而下

有时候，一个话题要进行下去，可朝着多种方向发展，我们可以有意识地将话题引往有利于自己的方向，然后顺着话题及时撤出去。

在一次师生座谈会上，师生之间聊起了如何面对自己弱点的话题。会议上从不指名道姓，遇到要举事例的时候，也是以假设开始，诸如"假设你有什么弱点，你该怎么做"。可是后来会议特意留出了一定的时间，让学生就不懂的问题向在座的老师请教。一位同学站起来向一位姓何的老师提问："当一个人遇到了非常难堪的事情，他可以正视它、战胜它，但也可以逃避它，哪种方法更好些呢？"何老师首先肯定了这位同学合理的分析，说："正视它，战胜它！"这位同学接着又问："能不能问您一个隐私的问题……"正在那位同学还在犹豫该不该问时，何老师说话了："既然是隐私问题，就不好当着众人的面讲，如果你感兴趣，会后我们可以私下里谈谈。"

在这里，如果何老师让那位同学把话说下去的话，接下来肯定会使自己左右为难，不如顺着对方的话音，巧妙地撤出去，不在原来的话题上打转转。

那些毫无根据又极具挑衅性的提问总是会使人们产生反感，如果直接指责反而会显得自己涵养不够。所以，我们不如根据对方的诘问，为自己编造一个更严重的罪责，嘲讽对方无中生有、不讲礼貌，表达我方对这种无凭无据的问题的极大愤怒和拒绝回答的态度。

一位记者向扎伊尔总统蒙博托说："您很富有。据说您的财产达30亿美元？"显然，这一提问是针对蒙博托本人政治上是否廉洁而来的，对于蒙博托来说，这是一个极其严肃的而易动感情的敏感问题。蒙博托听后大笑着反问说："一位比利时议员说我有60亿美元！你听到了吧？"

记者用一句没有根据的传言来质问蒙博托是否廉洁，蒙博托没有被对方刺激得暴跳如雷，反而编出一个更大的、显然是虚构的数字来"加重"自己的"罪行"，以讽刺记者所提问题的荒谬与别有用心，间接表明了自己的清白，维护了自己的名誉。

家庭生活中，也难免有下不了台的时候，顺梯而下的方法也可适当利用。

小张有一次到朋友家做客，恰巧他们夫妻在挂一幅装饰画。丈夫问妻子："挂正了吗？"妻子说："挺正的。"挂好后，丈夫一看，还是有点歪，就抱怨说："你做什么事都马马虎虎，我可是讲求完美的人。"做妻子的有点下不来台，见有人在场便开口道："你说得对极了，要不你怎么娶了我，我嫁给了你呢！"这一巧妙的回答，不仅挽回了面子，又造成了一种幽默的气氛，做丈夫的也感到自己失言了，以一笑来表示歉意。

2. 顺着他人解围而下

在谈话中，如果因为我们自己的难堪，造成整个气氛的不和谐，这时可能会有知趣的人站出来，及时替你解围，那我们就应该抓住时机，顺着他人解围及时撤出。

小明喜欢和他人诡辩，并且以此为乐事。一天将近中午吃饭时，小可深有感触地说："人是铁，饭是钢，一天不吃饿得慌。"小明接着说："这句话就不对了，据科学分析，人是可以饿7天的。"小可说："那你饿7天看看。"小明接着说："这句话你又错了，你也可以饿7天的。"小可说："我才没那么傻呢，只有疯子才干这样的蠢事。"小明又说："历史上，当时很多被认为是疯子的人，后人把他们看作是伟人。"小明就这样无限地推演下去。哪知小可不喜欢这样饶舌，后来就有点无法忍受了。这时小明的好友小冬见状，凑过来说："我们的小可最大的'优点'就是说错了话还不承认。"
小可接过话头说："小冬真是了解我。"说着对小明一笑，走开了。

顺梯而下是解窘见效很快的方法之一，它能让制造尴尬的人立即停止发话。

说话不可口无遮拦

与人说话要讲究方圆曲直，该说的说，不该说的就不要开口，可实际上，有的人说话口无遮拦，以致让自己陷入危险境地。

说话不可口无遮拦，要恰当地回避他人忌讳的东西，才能使双方的交流更为融洽。

朋友聚会，大家不免要开开玩笑，玩笑不伤大雅无妨，无意揭人伤疤也无妨。这样可以使气氛更欢愉，让彼此沉浸在往事的回忆中，倒是一种乐趣。然而，有时不该说的说了，就会使气氛骤变，若是有朋友携好友或恋人同往，情况还会更糟。

小张长得高大魁梧，在大学校园内有"恋爱专家"的雅号。如今他是一家外资公司的高级职员。英俊的长相和丰厚的薪水使他在众多的女孩中选择了貌若天仙的小丽作为女友。也许是为了炫耀自己的能耐，小张带着小丽去参加朋友聚会。

就在大家闲谈的时候，同学老王转了话题，谈起了大学校园罗曼蒂克的爱情故事，故事的主人公自然是"恋爱专家"小张。老王眉飞色舞地讲述小张如何引得众多女生趋之若鹜，又如何在花前月下与女生卿卿我我。小丽起先还觉得新奇，但越听越不是味，终于拂袖而去。小张只好撇下朋友去追小丽。

老王并不是有意要揭小张的伤疤，而他的追忆往事确实是使小丽耳不忍闻。这不仅使小张要费不少周折去挽回即将失去的爱情，而且使在场的人心里也不愉快。

总之，无论在什么场合、什么情况下都要把握说话分寸，尽量做到该说的说，不该说的就不说，尽量创造一个和谐的氛围。

转个弯儿说话

在某些特定的场合，如果把话说得太直、太透，可能会引起对方的不满，或者对自己产生不利的影响。这时采用近话远说，人为地拉开话题与现场之间的距离，给双方留下一个缓冲带。

西安事变前夕，张学良和杨虎城就频繁晤面，都有心对蒋介石发难。可对于这样一个关系到身家性命和国家前途的大事，在对方亮明态度之前，谁敢轻易开口。眼看时间越来越近，双方都是欲说还休。

杨虎城手下有个著名的共产党员叫王炳南，张学良也认识。在又一次的晤面中，杨虎城便以他投石问路，说道："王炳南是个激进分子，他主张扣留蒋介石！"张学良说："我看这也不失为一个办法。"于是两个聪明的将军开始商谈行动计划。

当时，张学良的实力比杨虎城的大得多，且又是蒋介石的拜把子兄弟。杨虎城如果直接把自己的观点摆在张学良的面前，而张学良又不赞同，后果实在堪忧。于是就借了并不在场的第三者之口传出心声，即使不成也可全身而退，另谋他策。

说话转个弯儿，在表达了自己的意见的同时，也为自己留了条后路。不信看下面这个例子：

我国古时候，有一个县官很喜欢附庸风雅，尽管画术不佳，但画画的兴致很高。他画的虎不像虎，反而像猫。并且，他还每画完一幅画，都要在厅堂内展出示众，让众人评说。大家只能说好话，不能说不好听的话，否则，就要遭受惩罚，轻则挨打，重则投入监牢。

有一天，县官又完成了一幅"虎"画，悬挂在厅堂，召集全体衙役来欣赏。

县官得意地说："各位瞧瞧，本官画的虎如何？"

众人低头不语。县官见无人附和，就点了一个人说："你来说说看。"

那人战战兢兢地说："老爷，我有点儿怕。"

县官："怕，怕什么？别怕，有老爷我在此，怕什么！"

那人："老爷，你也怕。"

县官："什么？老爷我也怕。那是什么，快说！"

那人："怕天子。老爷，你是天子之臣，当然怕天子呀！"

县官："对，老爷怕天子，可天子什么也不怕呀！"

那人："不，天子怕天！"

县官："天子是天老爷的儿子，怕天，有道理。好！天老爷又怕什么？"

那人："怕云。云会遮天。"

县官："云又怕什么？"

那人："怕风。"

县官："风又怕什么？"

那人："怕墙。"

县官："墙怕什么？"

那人："墙怕老鼠。老鼠会打洞。"

县官："那么，老鼠又怕什么呢？"

那人："老鼠最怕它！"那人指了指墙上的画。

被点名的差役没有直接说县太爷画的虎像猫，而是绕着弯说话。让县官在众人面前保住了脸面，又让自己避免了一场灾难。

不拿别人的隐私开玩笑

一般来讲，开玩笑都想达到一种令人回味无穷的幽默效果，但是，有人开玩笑竟侵犯到了别人的隐私，就实在太过分了。其实，玩笑能否令人回味无穷，在于巧妙、含蓄的构思，精辟、深奥的哲理，浅显、滑稽的表现形式，幽默的引证，以及特定的矛盾、特定的情境，等等。不宜过频地开玩笑，应该适可而止。

每个人都有自己的秘密，都有一些压在心里不愿为人知的事情。在同事之间的闲聊调侃中，哪怕感情再好，也不要去揭别人的短，把别人的隐私公布于众，更不能拿来当作笑料。

某茶馆老板的妻子结婚两个月，就生了一个小孩，邻居们赶来祝贺。老板的一个要好的朋友吉米也来了。他拿来了自己的礼物——纸和铅笔，老板谢过了他，并且问："尊敬的吉米先生，给这么小的孩子赠送纸和笔，不太早了吗？"

"不，"吉米说，"您的小孩儿太性急。本该9个月后才出生，可他偏偏两个月就出世了，再过5个月，他肯定会去上学，所以我才给他准备了纸和笔。"

吉米的话刚说完，全场哄然大笑，令茶馆老板夫妇无地自容。

调侃他人的隐私是不对的，上例中吉米明显道出了茶馆老板妻子未婚先孕的隐私，这样令大家都处于尴尬的局面。

所以说，调侃时说出了他人的隐私，虽言者无意，但是听者却有心的。他会认为你是有意跟他过不去，从此对你恨之入骨。他做的事别有用心，极力掩饰不使人知，如果被你知道了，必然对你不利。如果你与对方非常熟悉，绝对不能向他表明你绝不泄密，那将会自找麻烦。最好的办法是假装不知，若无其事。

在现实中，正人君子有之，奸佞小人有之；既有坦途，也有暗礁。

在复杂的环境下，不注意说话的内容、分寸、方式和对象，往往容易招惹是非，授人以柄，甚至祸从口出。因此，说话小心些，为人谨慎些，使自己置身于进可攻、退可守的有利位置，牢牢地把握人生的主动权，无疑是有益的。一个喋喋不休、乱侃他人隐私、乱揭他人伤疤的人，会显得浅薄俗气、缺乏涵养而不受欢迎。

心理学家研究表明：谁都不愿把自己的错误和隐私在公众面前"曝光"，一旦被人曝光，尤其是以一种调侃的形式被人揭露，就会感到难堪而愤怒。

别人论己时切莫打断

在大多数场合下，注意聆听别人的谈话非常重要。当听到别人谈论自己的时候，很多人容易犯这样一个错误：一旦别人谈到自己时，尤其是不利于自己的情况时，往往会打断别人，进行争论。其实，这是最不明智之举。

伊里亚·爱伦堡的长篇小说《暴风雨》出版后，在社会上引起争论，褒贬不一，莫衷一是。某报主编不知从哪里得到了斯大林对《暴风雨》的看法——认为此书是"水杯里的暴风雨"。

主编组织编辑部人员讨论这部小说。

讨论进行了数小时，发言人提出不少批评意见。由于主编的诱导，每篇发言言辞都辛辣而尖刻，如果批评成立的话，都足以让作家坐几年牢。可是在场的爱伦堡极为平静,他听着大家的发言,显出令人吃惊的无动于衷的态度,这使与会者无法忍受,纷纷要爱伦堡发言,并要求他从思想深处批判自己的错误。

在大家的再三督促下,爱伦堡只好发言。他说:"我很感谢各位对鄙人小说产生这么大的兴趣,感谢大家的批评意见。这部小说出版后,我收到不少来信,这些来信中的评价与诸位的评价不完全一致。这里有封电报,内容如下:'我怀着极大兴趣读了您的《暴风雨》,祝贺您取得了这么大的成就。——约瑟夫·斯大林。'"

主编的脸色很难看,以最快的速度离开会场,那些批判很尖刻的评委们,都抱头鼠窜了。爱伦堡轻轻地摇摇头:"都怨我,这么过早地发言,害得大家不能再发言了。"

爱伦堡的聪明在于,如果他据理反驳,必能激起同仁们更加尖锐的批评,这种场合,最明智的做法就是保持沉默,褒贬随人。

沉默的力量是无边的,它可以帮你说服反对你的人,让你向成功迈进。所以我们要学会沉默,学会在别人论己时保持沉默。

点到为止

事情有缓急,说话有轻重。有些人在日常交际中,对问题缺乏理智,不考虑后果,一时性起,说话没轻没重,以致说了一些既伤害他人,也不利自己的话。

有一对夫妻吵架,两人唇枪舌剑,各不相让,最后丈夫指着妻子厉声说:"你真懒,衣服不洗,碗也不刷,你以为你是千金小姐呢?什么都不会,脾气还挺大,要你有什么用,不如死了算了。"妻子一气之下割脉自尽,丈夫后悔已经来不及了。

这样的例子在日常生活中屡见不鲜。这类说"过"了、说"绝"了的话，虽然有一些是言不由衷的气话，但是对方听来，却很伤心，故常常引起争吵、嫉恨，甚至反目成仇。俗话说"过火饭不要吃，过头话不要说""话不要说绝，事不要做绝"，正是对上述不良谈吐者的告诫。

如果听话人是一个非常明白事理的人，你说的话就不必太重，蜻蜓点水，点到即止，一点即透，因为对方就像一面灵通的"响鼓"，鼓槌轻轻一点，就能产生明确的反应。对这样的人，你何必用语言的鼓槌狠狠地敲他呢？

赵明是工厂的一名班组长，最近他的班组调来一个名叫王楠的人，别人对王楠的评语是：时常迟到，工作不努力，以自我为中心，喜欢早退。过去的班长对王楠都束手无策。第一天上班，王楠就迟到了5分钟，中午又早5分钟离开班组去吃饭，下班铃声响前的10分钟，他已准备好下班，次日也一样。

赵明观察了一段时间，发现王楠缺乏时间观念，但工作效率极佳，而且成品优良，在质管部门都能顺利通过。于是，赵明对王楠微笑着说："如果你时间观念和你的工作效率同样优秀，那么你将成为一个完美的人。"以后赵明每天都跟王楠说这句话。时间久了，王楠反而觉得过意不去，心想：过去的班长可能早就对我大发雷霆了，至少会斥责几句，但现在的班长毫无动静。

感到不安的王楠，终于决定在第三周星期一准时上班。站在门口的赵明看到他，便以更愉快的语气和他打招呼，然后对换上工作服的王楠说："谢谢你今天能准时上班，我一直期待这一天，这段日子以来你的成绩很好，如果你发挥潜力，一定会得优良奖。"

赵明对待王楠的迟到，没有采取喋喋不休的方式批评，而是点到为止，让其自动改正错误。

小宋是一位小学语文教师，他不满某些社会现象，爱发牢骚，甚至在课堂教学中有时也甩开教学内容，大发牢骚。很显然，他缺乏教师这个角色应有的心理意识。校长了解这种情况后，与他进行了一次交谈。校长说："你对某些社会不良风气有反感，对教师工资待遇低表示不满，这是可以理解的。心中有气，尽管对我发吧，但是请你千万不能在课堂上发牢骚。少年的心灵本是纯真的，他们对有些事缺乏完全的了解和认识，你与其发牢骚，倒不如把那份精力用来给学生讲讲如何振兴祖国。这才是一个称职的教师应该做的。"听了校长这一番语重心长的话，小宋认识到当教师确实不能随意把这种牢骚满腹的心理状态表现出来，不然，对学生会产生不良的影响。从此以后，再也没有听说他在课堂上发牢骚了。

同样，校长如果不把握说话的轻重，直接说："你这样做是缺乏修养的表现，不配做一个教师。"那么结果又会怎样呢？

说话要把握轻重，点到为止，给人留住面子，才能达到说话的原本目的。

拿不准的问题不要武断

一般人并不怕听反对自己的意见，不过人人都愿意自己用脑筋去考虑一下各种问题。对于自己未必相信的事情，都愿意多听一听，多看一看，然后再判断。

为了给别人考虑的余地，你要尽量缓冲你的判断结论。把你的判断限制一下，声明这只是个人的看法，因为可能别人跟你有不尽相同的经验。

除去极少数的特殊事情外，日常交往中，你最好能避免用类似这样的语句来说明你的看法。如"绝对是这样的""全部是这样的"，或者"总是这样的"。你可以说"有些是这样的""有时是这样的"，甚至你可以说"大多数人都是这样的"。

凡是对自己没有亲历，或不了解的事实，或存有疑点的问题发表看法时，要注意选择恰当的限制性词语，准确地表达。如说："仅从已掌握的情况来看，我认为……""如果情况是这样的话，我认为……""这仅仅是个人的意见，不一定正确"。这些说法都给发言做了必要的限制，不但较为客观，而且随着掌握的新情况的增多，为进一步发表意见，或纠正自己原来看法留有余地，较为主动。

有时是因事实尚未搞清，有时是因涉及面广，或者自己不明就里，这些情况下都不宜说过头话，而应借助委婉、含蓄、隐蔽、暗喻的策略方式，由此及彼，用弦外之音，巧妙表达本意，揭示批评内容，让人自己思考和领悟，使这种批评达到"藏颖词间，锋露于外"的效果。例如，可以通过列举和分析现实中他人的是非，暗喻其错误；通过列举分析历史人物是非，烘托其错误；也可通过分析正确的事物，比较其错误等。

简单否定或肯定他人不可取

对他人的评价是最为敏感的事情，应格外慎重。尤其是对自己不喜欢的人做否定性评价时，更应注意公正、客观，不要言辞过激。如果某下属办糟了一件事，在批评时，某领导说："你呀，从来没办过一件漂亮事！"这话就说得过于绝对，对方肯定难以接受。如果这样批评："在这件事上，我要批评你，你考虑得很不周到！"这样有限度的批评，对方就会心服口服，低头认错。因此，对他人做肯定或否定性评价时，要注意使用必要的限制性词语，以便对评价的范围做准确的界定，恰当地反映事物的性质、状态和发展程度。只否定那些应该否定的东西，千万不要不分青红皂白，简单地"一言以蔽之"。

妙语精言，不以多为贵。领导者在批评下属，经常要用听起来简单明了、浅显易懂，实际上含意深刻、耐人寻味的语言，使出现过错的人经过思考，便能从中得到批评的信息，并很快醒悟，接受批评，改正过错，吸取教训，不断前进。

和朋友说话也要有分寸，玩笑不可太过分

朋友之间互相开玩笑原本是件有趣的事情，可若是口无遮拦、毫不避讳地开玩笑，反而会伤了朋友情面，甚至因此而失去一个朋友。

小马先天秃头。一天，大家在一起聊天，得知小马的发明专利被批准了，直肠子的小何快嘴说道："你小子，真有你的，真是热闹的马路不长草，聪明的脑袋不长毛。"说得大家哄堂大笑，小马的脸也红了起来。

小何原本是想夸奖小马，然而她的一句"聪明的脑袋不长毛"正好戳到小马秃头的痛处，夸奖不成，反而遭人埋怨。生活中那些懂得幽默、会开玩笑的人特别受欢迎，被大家当作"开心果"。他们凭借一个得体的玩笑，不仅给他人带来了欢乐，而且能迅速获得别人的好感。但是，开玩笑也要有分寸，并不是所有的场合都适合开玩笑，并不是所有的话题都可以用来开玩笑，如果把握不好开玩笑的"度"，不仅会得罪人，甚至会酿成悲剧。

报纸上刊载过这样一件事：李某和几个朋友一起喝酒，几两酒下肚后，朋友和李某开起了玩笑："瞧你这丑样，你那儿子倒很

帅气,莫不是你媳妇跟别人生的?"这本来是句玩笑话,李某却偏偏是个小心眼的人。回家后,李某就跟妻子找碴:"你说!我长的是这样,为什么这孩子却是那模样?到底是不是和我生的?"

他边说边逼近妻子,冷不防从妻子怀里抓过孩子,拎着其小腿,把孩子扔到床上,又顺手抓起枕头压在了哭叫不已的孩子的脸上,可怜的孩子顿时没有了哭声。见此情景,妻子极力想救孩子,却被丈夫打倒在炉灶前。急恨交加中的妻子顺手抓起炉灶旁的炉钩,死劲地甩向李某。只听李某"哎呀"一声,松开了枕头,慢慢地瘫倒在地上。妻子从地上爬起来,不顾一切地向孩子扑了过去,急忙掀去枕头,看到儿子的小脸憋得青紫,已经奄奄一息了。再看丈夫,他倒在地上,一动不动,一股液体顺着他的右腮淌下。原来她甩过去的炉钩的尖端,刚好嵌进李某的右边太阳穴,她见状吓得昏了过去。只因朋友的一句玩笑话,顷刻间,好端端的三口之家毁于一旦。这就是乱开玩笑的恶果。

不要随便打断别人的话

日常生活中,我们常常会遇到这样一些人:总喜欢在别人说话时打断别人的话,搞得大家不愉快。实际上,在别人说话的时候随便打断,是很没有礼貌的表现。聚会时,每个人都有发言的权利,有的人总是不等别人把话说完,就中途插话,因此让场面陷入尴尬。

某公司部门经理丁杰正与客户谈业务时,另外一个部门经理过来了,马上就打断了他们的谈话,说:"老丁,我刚刚遇到了一件特别好玩的事情……"他不管别人是不是正在谈事情,自己说得眉飞色舞的。

丁杰用眼神示意他不要再说了，可他好像没听见一样，依旧说得津津有味。客户见状，觉得谈话的气氛被破坏了，交谈无法再进行下去，于是就对丁杰说："还是你们先谈吧，我们改天再聊。"说完便走了。那位部门经理不经意间搅了一大笔生意，让丁杰十分恼火。

生活中，常常都会碰到被人打断谈话的事情发生，不管我们是否参与，都要意识到这是失礼的表现。培根曾说："打断别人、乱插话的人，往往比发言冗长者更加令人讨厌。打断别人说话是最无礼的行为。"

若一个人正讲得兴高采烈，听众的反应也很热烈，此时我们如果突然插嘴打断，那么，不仅仅是说者，就连听众也会产生反感，因为随便打断别人说话的人是不懂得尊重别人的。

一个有教养的人在对随意插话这种不礼貌的举动，多是默不作声，隐忍不发，但内心总是不愉快；一些没有涵养的人，遇到这种情况，则可能会当场大发脾气，使打断他说话的人下不了台，这样一来，双方都会很尴尬。所以说，即便是出发点再好进行插话，若插话的方式不当，别人也会不领情。

交流沟通是双方或者多方，永远不可能是一个人在说，所以，听人说话的人还是要适时地提出切中要点的问题或发表一些意见感想，来响应对方的说法。如果必须插话，则应该等对方表达完自己的意思或在谈话间歇的时候再插入，而且要表示歉意："对不起，我想插一句……"或者"不好意思，我有不同看法……"

第八章

会赞美，谁都愿意和你聊

对男人和女人采取不同的赞美

人人都渴望被别人赞美，但男人和女人的需要是不同的。

男人要面子、好虚荣，多表现在追逐功名、显示能力、展示个性以显潇洒和能人之形象方面，而女人则表现在对容貌、衣着的刻意追求或身边伴个白马王子以示魅力所在。男人要面子、好虚荣，他们对此毫不遮掩，有时甚至坦率得令人吃惊，而女子则总是遮遮掩掩、羞羞答答。女性对于面子、虚荣还有几分保留，而男子则是全力以赴去追求面子，好似他的人生目的就是追求面子一般；男人为了面子可以大动干戈，有权力的甚至可以轻则杀一儆百，重则发动战争，女人为了面子则会大喊大叫或者在家里大吵大闹。男人的面子千万不要去伤害、破坏，否则便万事皆休、一切都了——友谊中断、恋爱告吹、生意不成、升官无望、职称泡汤。因此对男人和女人要采取不同的赞美方式。

作为男人要会赞美女人，能够做到张口也赞闭口也赞。这样，你才能在女人面前受欢迎，使你魅力无穷。

男人赞美女人是对女人的肯定，更是对女人魅力的一种欣赏。在男人眼里，女人身上总有美丽动人之处，或者是皮肤细腻，或者是身材苗条，或者是眉目含情，或者是穿着得体。所以你一定要善于去发现、去捕捉她的美。许多女人都会对自己的缺憾有所了解，但她们也十分了解自己的动人之处，只要你能慧眼独具，赞美得体，你一定会博得她们的赏识与青睐。

当今社会注重个性，夸赞一个女人有个性已成为一种时尚。一个人有固执的性格可当此人有个性来称赞；一个人有孤傲的性格也可以用有个性来称赞；像男人一样不拘小节、有些泼辣的女性也能用有个性来称赞。只要是稍稍区别于大众的性格，你用个性二字来赞她，无论是哪种女性，她都会觉得你这个人很有品位。

最后，谈一谈女人的能力。现代社会，在各种事业中女人都表现出了她非凡的能力。她们不仅能把自己分内的事完成得十分得体，还会凭她们细心的洞察力去发掘工作中出现的问题，把各部门的事情都安排得十分妥当，在某些方面工作能力大大地超越了男性。而女人在取得很大的成就时，她是需要被这个社会所肯定的。她们希望这个社会能认同自己，肯定自己的能力，也希望在男人眼中她们不再是处处依附于男人的人，而是能够独当一面，把事情处理得完美无瑕。于是，她们就需要男人的赞美，希望自己所做到的能够得到男人的认同与赏识。如果，你是她的老板、上司，或是同事，你可千万别忽视她们的业绩，常常激励她们、赞美她们，换取她们更大的工作积极性吧！

除此之外，生活中女人们的能力也值得你一赞。日常家务，如烧饭做菜、收拾房间、照顾孩子，这些虽是一些细小的事情，但却能表现出女人的动手能力、审美能力、教育能力。只要你在日常生活中也不忘记赞美一下女性，你定会得到女性们一致的好评。

如何称赞才能不被认为是拍马

如果今天一大早就有人夸你"衣着得体，非常漂亮，有精神"，那么你一天的学习、工作状态一定很好吧。看来小小的一句赞美话有时起了很大的作用，可以迅速拉近人与人之间的距离，得到别人的喜爱。

然而生活中一些人偏偏学不会或不屑恰当地去赞美他人。下级赞美领导，被认为是"拍马屁"；男士赞美女士被认为"心怀不轨"，这些都是原本不必要的思想。谁都想要得到别人的肯定与赞同，为什么不试着去赞美一下别人呢？

要赞美他人，先要选好赞美的话题，不可过分夸张，更不能无中生有。对于青年客户，赞美他年轻有为、敢于开拓；对于中年客户，赞美他经验丰富、见多识广；对于知识分子，赞美他知识渊博，刻苦钻研；对于商人，赞美他头脑灵活，发财有道。这些都是恰如其分的，如果赞美一中年妇女活泼可爱、单纯善良可能就会不伦不类，弄不好还会招致臭骂。

清朝的中堂大人李鸿章，位高权重，文武百官都想讨他欢心，以便使他多多提携自己，能升个一官半职，也好光宗耀祖。这一年，中堂大人的夫人要过五十大寿，这自然是个送礼的大好时机，寿辰未到满朝文武早已开始行动了，生怕自己落在别人后面。

消息传到了合肥知县那里，知县也想送礼，因为李鸿章祖籍是合肥，这可是结攀中堂大人的绝好时机。知县囊中羞涩，礼送少了等于没送；送多了吧，又送不起，这下可把知县愁坏了。思来想去拿不定主意，于是请师爷前来商量。

师爷看透了知县的心思，满不在乎地说："这还不好办，交给我了。保准你一两银子也不花，而且送的礼品让李大人刮目相看。"

"是吗？快说送什么礼物？"知县大喜过望，笑成了一朵花。

"一副寿联即可。"

"寿联？这，能行吗？"

师爷看到知县还有疑虑，便安慰他："你尽管放心，此事包在我身上。包你从此飞黄腾达。这寿联由我来写，你亲自送去，请中堂大人过目，不能疏忽。"

知县满口答应。

于是第二天，知县带着师爷写好的对联上路了。他昼夜兼程赶到北京，等到祝寿这一日，知县报了姓名来到李鸿章面前，朝下一跪："卑职合肥知县，前来给夫人祝寿！"

李鸿章看都没看他一眼，随口命人给他沏茶看座，因为来他这里的都是朝廷重臣，区区一七品知县，李鸿章哪能看在眼里。

知县连忙取出寿联，双手奉上。

李鸿章顺手接过，打开上联：

"三月庚辰之前五十大寿。"

李鸿章心想：这叫什么句子？天下谁人不知我夫人是二月的生日，这"三月庚辰之前"岂不是废话。于是，李鸿章又打开了下联：

"两宫太后以下一品夫人。"

"两宫"指当时的慈安、慈禧，李鸿章见"两宫"字样，不敢怠慢，连忙跪了下来，命家人摆好香案，将此联挂在《麻姑献寿图》的两边。

这副对联深得李鸿章的赏识，自然对合肥知县另眼相待，称赞有加。而这位知县也因此官运亨通了。

一副对联既抬高了李鸿章夫人的地位，同时又做到了不偏不倚，没有盲目哄抬。

要赞美他人，就要善于体察人心，了解对方的迫切需要，有的放矢。比如营业员与顾客在商品质量、价格等方面争执不下时，聪明的营业员这时改换话题，称赞这位顾客真有眼光，这衣服款式是最新的，面料也好，特别畅销。再夸她能说会道，真会砍价，我们这儿从没卖过这么低的价钱。顾客听了一定喜欢，不好意思再争下去，说不定很快就买下来了。看吧，人的心理就是这么奇怪。

要夸别人，应有一种"战无不胜"的信心。人都是有弱点的，再谦虚，再不近人情，再标榜不喜欢听甜言蜜语的人，其实都喜欢别人的赞美，只要恰如其分。

有个笑话，某君是拍马屁的专家，连阎王都知道他的大名。死后阎王见到他，拍案大怒："我最恨你这种马屁精。"马屁精忙叩头回道："虽然世人都爱被拍马屁，阎大王您公正廉明，谁敢拍您的马屁。"阎王听了，连说："对啊对啊，谅你也不敢拍我的马屁。"

原来每个人都是愿意听好听的，只要你赞美得有分寸，不流于谄媚，不伤人格，定会博人欢心。

赞美人的话不能过多，多了对方会不自在，觉得你是虚情假意、逢场作戏，因此而不信任你。赞美过多也不利于交谈，在谈话中频频夸对方"好聪明""好有能力"，对方频频表示客气，往往使谈话无法顺利进行。

褒扬有度，点到为止

一个气球再漂亮、再鲜艳，吹得太小，不会好看；吹得太大很容易爆炸。赞美就如吹气球，应点到为止，适度为佳。

因此，在赞美他人时一定要坚持适度的原则。夸奖或赞美一个人时，有时候稍微夸张一点更能充分地表达自己的赞美之情，别人也会乐意接受。但如果过分夸张，你的赞美就脱离了实际情况，让人感觉到缺乏真诚。因为真诚的赞美往往是比较朴实的、发自内心的。

据说有一个年轻人曾经给恩格斯写了一封热情洋溢的信，信中称赞恩格斯是一位无与伦比的革命导师、一位伟大的思想家，甚至称其为马克思的再现等，恩格斯并没有因为这封信而有丝毫的感动，反而生气地回信说："我不是什么导师、思想家，我的名字叫恩格斯。"恩格斯作为一位杰出的思想家，他不喜欢别人在赞美他时用近乎夸张的词汇，又因为他和马克思近几十年的友谊，他是非常尊敬马克思的，当然会忌讳别人称他为"马克思的再现"。

历史上有一位臭名昭著的马屁精冯希乐，他是一个热衷于夸张拍马的人，有一次，他去拜访长林县令，赞叹道："仁风所感，猛兽出境。昨日入县界，见虎狼相尾而去。"刚夸过不久，就有村民来报告："昨夜大虫连食三人！"长林县令很不高兴地责问冯希乐究竟是怎么回事，冯希乐面红耳赤地回答说："是必便道掠食。"冯希乐夸张得脱离了实际情况，无视野兽吃人的本性，信口雌黄，说野兽已被县太爷的仁义教化所感动，所以离县而去，结果是抢起巴掌，自己打自己的脸，这就是所说的轻言取辱。

要做到点到为止、褒扬有度是有技巧的。

两个人或两件事相比较，在夸奖对方的同时，让他意识到自己的优点和存在的问题，使对方对你的赞美深信不疑。有一次，汉高祖刘邦与韩信谈论诸将才能高下。刘邦问道："你看我能指挥多少兵马？"韩信回答："陛下至多能指挥 10 万兵马。"刘邦又问："那你能指挥多少兵马呢？"韩信自豪地回答："臣多多益善耳。"刘邦笑道："既然你带兵的本领比我大，却为什么被我领导呢？"韩信很诚实地说："陛下不善于指挥兵，但善于驾驭将，这就是我被陛下控制的原因。"刘邦自己也曾说过，统一指挥百万军队，战无不胜，攻无不克，他不如韩信。这是他做了皇帝以后对自己的评价。韩信的赞美，首先肯定了刘邦领导大臣为自己效命的能力，但又指明了他在带兵作战方面与自己相比有不足之处，正与刘邦的自我评价相吻合。话说得很实在、很坦诚，刘邦不但不怒，反而很满意。此时，韩信与刘邦关系已很紧张，如果他违心地赞美刘邦，调兵遣将无所不能，恐怕刘邦不愿意听，甚至会怀疑他在吹捧、麻痹自己。

金无足赤，人无完人。有所保留的赞美应既要看对方的优点和长处，同时还要看到他的弱点和不足，讲究辩证法。常言道："瑕不掩瑜。"指出对方的缺点和不足，并提出一定的希望，不仅不会损害你赞美的可信度，相反，使你的赞美显得真诚、实在，易于为人接受。尤其是领导称赞下属时，要有一是一，有二是二，把握分寸，要有所保留。可以多用"比较级"，千万要慎用"最高级"。

赞别人没有赞过的美

"喜新厌旧"是人们普遍具有的心理。陈词滥调的赞美，是很没劲的；新颖独特的赞美，则使人回味无穷。

1. 给人耳目一新的感觉

赞美应该给人一种美的感受。新颖的词汇，是有魅力的，有吸引力的。简单的赞扬也可能是振奋人心的，但是本来是不错的赞扬如果多次单调重复，也会显得平淡无味，甚至令人厌烦。一个女人就曾说过，她对别人反复说她长得很漂亮，已经感到很厌烦，但是当有人告诉她，像她这样气质不凡的女人应该去演电影，她笑了。

有一个国外的电视连续剧，有一段内容是父亲走入厨房看女儿做饭，他对女儿说："如果没有你做的美妙饭菜，就像天上没有星星那么遗憾。"女儿露出了特别快乐的笑容。

新颖的赞语，给人清爽、舒心之感。毛阿敏在哈尔滨演出时，《当代大舞台》的节目主持人是如此将她介绍给观众的：

主持人说："请问毛阿敏小姐，您是从哪里来的？"

毛阿敏说："哦，我从北京来。"

主持人说："您像一只美丽的蝴蝶给冰城哈尔滨带来了欢乐，请问这次能做几日停留呢？"

毛阿敏说："呵呵，5日。"

主持人说："我们冰城的朋友热烈欢迎您的到来，愿您与《当代大舞台》永不分手！"

主持人巧借毛阿敏的成名歌曲《思念》来向她发问，亲切而诙谐，同时也激起了演唱者与观众的热情，创造了良好的舞台气氛。

如果主持人只用公式化的套词俗语，那么，观众不但会觉得乏味，毛阿敏也可能会腻味。妙语连珠的赞美，既能显示赞美者的才能，也能使被赞美者更快乐地接受。

2. 不一样的角度

每个人都有优点和可爱之处。赞扬要有新意，当然要独具慧眼，善于发现一般人很少发现的"闪光点"和"兴趣点"，即使你一时还没有发现更新的东西，也可以在表达的角度上有所变化和创新。

对一位公司经理，你最好不要称赞他如何经营有方，因为这种话他听得多了，已经成了毫无新意的客套话了；倘若你称赞他目光炯炯有神，风度潇洒大方，他反而会更加受用。

法国某将军屡战屡胜，有人称赞他："你真是个了不起的军事家。"他无动于衷，因为他认为打胜仗是理所当然的事。而当那人指着他的鬓须说："将军，你的鬓须真可与美髯公相媲美。"这次，将军欣然地笑了。

赞美的角度很重要。

著名节目主持人白岩松，他去采访一位知名学者，老学者正卧于病榻，对采访并不热心。白岩松提出的第一个问题却是，请他谈谈毛主席接见红卫兵时他鞋子被挤掉的事。这个出乎意料的问题使老学者十分激动，竟一口气谈了好几个小时，从而顺利地完成了采访计划。

白岩松找到了一个很好的角度，打开了老学者的话闸子。正如每把锁都会有相应的钥匙，每个人都有其独特之处，先要把握好"点"，把握好角度，才能沟通得轻松、顺畅。

3. 新颖的表达方式

赞美他人，在表达方式上是可以推陈出新、另辟蹊径的。

富兰克林年轻时，在费城开一家小小的印刷厂。那时，他参加了宾夕法尼亚州议会的选举。在选举前夕，困难出现了。有个新议员发表了一篇很长的反对他的演说，在演说中，竟把富兰克林贬得一文不值。遇到这么一个出其不意的敌人，是多么令人恼火呀！该怎么办呢？富兰克林自己讲述道："对于这位新议员的反对，我当然很不高兴，可是，他是一位有学问又很幸运的绅士。他的声誉和才能在议会里颇有影响力。但我绝不对他表现一种卑躬屈膝的阿谀奉承，以换取他的同情与好感。我只是在隔数日之后，采用了一个别的适当的方法。

"我听说他的藏书室有几部很名贵，又很少见的书。我就写了一封短信给他，说明我想看看这些书，希望他慨然答应借我数天。他立刻答应了。"

富兰克林用一种不露痕迹的赞美方式，赞美新议员，恰如润物细无声。

表达赞美的方式有很多，要针对不同人、不同场合、不同时间选择最为恰当的方式。选择赞美方式时，既要考虑表达方式的新意，又要考虑对方的感受及最后的效果，综合各方面去思考，将会找到最适宜的表达方式。

多在背后说他好

世上背后道人闲话的人不少，大家都很清楚，被说之人一旦知道便会火冒三丈，轻则与其绝交，重则找其当面算账。因此，人们都引此为戒，唯恐犯背后说他人闲话的忌讳。但是，背后说人优点，却有佳效。

《红楼梦》中有这么一段描写：史湘云、薛宝钗劝贾宝玉做官为宦，贾宝玉大为反感，对着史湘云和袭人赞美林黛玉说："林姑娘从来没有说过这些混账话！要是她说这些混账话，我早和她生分了。"

凑巧这时黛玉正来到窗外，无意中听见贾宝玉说自己的好话，"不觉又惊又喜，又悲又叹"。结果宝黛两人互诉肺腑，感情大增。

在林黛玉看来，宝玉在湘云、宝钗、她3人中只赞美自己，而且不知道自己会听到，这种好话就不但是难得的，还是无意的。倘若宝玉当着黛玉的面说这番话，好猜疑、使小性子的林黛玉可能就认为宝玉是在打趣她或想讨好她。

赞美一个人，当面说和背后说所起到的效果是很不一样的。

有一位员工与同事们闲谈时，随意说了上司几句好话："梁经理这人真不错，处事比较公正，对我的帮助很大，能够为这样的人做事，真是一种幸运。"这几句话很快就传到了梁经理的耳朵里，梁经理心里不由得有些欣慰和感激。而那位员工的形象，也在梁经理心里上升了。就连那些"传播者"在传达时，也忍不住对那位员工夸赞一番："这个人人格高尚，难得！"

众所周知的廉颇与蔺相如的故事就体现了这种赞美方式所产生的重大作用。蔺相如和廉颇是赵国的重臣，渑池会之后，蔺相如被封为上卿，位居廉颇之上，廉颇心中很不服气，愤曰："我身为大将，有攻城野战的大功，蔺相如只不过靠耍嘴皮子的功劳，而位居我上，我怎甘心位居其下。"并扬言要借机羞辱他。而蔺相如却经常在门下面前赞美廉颇，廉颇得知此事后，非常感动，亲自上门请罪。可见，间接赞美对于化解矛盾、协调人际关系都大有好处。

在日常生活中，如果我们想赞扬一个人，不便对他当面说出或没有机会向他说出时，可以在他的朋友或同事面前，适时地赞扬一番。

当你面对媒体时，适当地赞美你的同行，是一种风度，也是一种艺术。

足球教练陈亦明为人爽朗、心直口快，极善处理与球员、官员、球迷以及媒体的关系。记者问陈亦明："张宏根和左树声都有执教甲 A 的资历，如何能成为你的助手？"陈亦明先以简明之言道出了"团结就是力量"这个道理，再道出："国内名气比我们大的人不少。一个人斗不过，3 个人组合就强大多了。张导是我的老师，左导是我的师兄弟，我们的组合可谓是强强联手、'梦幻组合'。"令人不由想到了当年那集 NBA 所有高手的美国国家篮球队——梦之队的威风八面。其语既自我褒扬，又夸张、左二人，敷己"粉"而不显白，赞他人又不显媚，显示出一种极高档的"自我标榜"及"赞美他人"的语言艺术。

张艺谋做人很随和，做导演却极富个性。对另一位名导演陈凯歌，他的评价如下："凯歌是个很出色的导演，我跟凯歌的特点在于：我们都保持自己的个性。这个个性你可以不喜欢、不欣赏，但凯歌从不妥协，他保持他的个性。而中国这样的导演很少。不能因为凯歌的作品没有得奖，就说这说那的，我觉得这是一种短视。"

多在第三者面前去赞美一个人，是你与那个人关系融洽的最有效的方法。假如有一位陌生人对你说："某某朋友经常对我说，你是位很了不起的人！"相信你感动的心情会油然而生。那么，我们要想让对方感到愉悦，就更应该采取这种在背后说人好话、赞扬别人的策略。因为这种赞美比一个魁梧的男人当面对你说"先生，我是你的崇拜者"更让人舒坦，更容易让人相信它的真实性。

推测性赞美，妙上加妙

借用推测法来赞美他人，虽然这种方式有一定的主观意愿性，未必是事实，但是能从善意的想象中推测出他人的美好东西，就能给人以美好的感受。

有个善良的小女孩，总觉得自己长得丑，总是像含羞草似的低着头，就连圣诞节也不例外。就在圣诞节这天，因为低着头走路而撞倒了一个老人，这个老人是一个白发苍苍的盲人。

小女孩吓了一跳，赶紧说了声"对不起"，她的声音挺小，一听就充满了深深的自责。于是，盲人说了一句："没关系。"

女孩儿挺感动，赶紧扶起老人："老爷爷，是我把您碰倒的，我搀着您，送您回家，好吗？"女孩儿的声音挺甜，细细的，像一阵柔柔的风。

但盲人却摇了摇头："不，孩子。听声音感觉你特别善良。你一定长得很美。"那个"美"字说得挺明亮，使女孩听了怦然心动。

"可我……"小女孩一时不知说什么好。

"去吧，孩子。"老人觉察到小女孩还站在自己面前，真诚地对她又叮嘱了一句。

小女孩很感动，深深地点了点头。她已坚信对方能看到写在自己脸上的深深的歉意。

老人转过身，用拐杖敲着地面，走了。

小女孩的眼里流出了一行热泪。她感激那位老人，居然那么真切地夸她"美"！

她回头泪汪汪地看着老人离去的方向。过了好长时间，小女孩才从梦幻般的感觉回到现实中。

也就是打这天起，她走路时也抬起了头。瞧！这就是推测性赞美创造的奇迹！它使一个失望的小女孩找到了太阳，找到了自信！

推测性赞美有两种，一种是祝愿式的推测，一种是预言式的推测。

祝愿式推测，主要强调一种美好的意愿，用一种友好的心情去推测对方，带有祝愿的特点。这种推测也未必很可行，但推测者是诚挚而善意的。

1988年10月，一位来自中国台湾的客人来到南京金陵饭店公关部售票台前。

"早上好！"公关经理很有礼貌地站起来招呼。

"我要3张后天去上海的91次车票。"这人不耐烦地说。

见客人情绪不好，公关经理立即将订票单取出，帮客人登记。当写到车次时，公关经理习惯性地发问："先生，万一这趟车订不到，311、305可以吗？它们的始发时间是……"

没等公关经理说完，客人连说："不行！不行！我就要91次。"

公关经理又强调了"万一……"这番好心反而把客人惹火了："什么万一，万一，你们是为客人服务的，就不能这么说。"

这时，公关经理立即意识到自己的说话方法不妥，差一点把客人赶跑了。她根据对方反馈的信息，立即调整话语，转换语气说："我们一定尽最大努力设法给您买到。"这时客人脸上才露出了笑容。

第二天客人来取票。根据头天打交道的情况，公关经理一改过去公事公办的办事态度，笑眯眯地说："先生，您的运气真好。车站售票处明天91次车票好紧张，只剩3张票，全给我拿来了，看来先生您要发财了。"

客人闻听此言，立即转身跑到宾馆小卖部，买了一大包糖回来请公关经理吃。

自那以后，客人每次见到公关经理都打招呼，点头微笑。临走时，他高兴地说："下次来南京，一定还住金陵。"

这个故事中公关经理就用了祝愿式推测。它有浓厚的情感色彩。需要真实的情感，并给予最为贴切的赞美。公关经理从买票的幸运"推测"出"发财"一说，这里面没有必然性可言，并不具备多少合理性，但它是一句吉言，能使人听着顺心顺意。

预言式推测，带有一些必然性、预见性，可以针对工作、生活中可能会取得的成绩进行预测。

小白的同事小金自幼爱好音乐，受过专门的音乐训练，颇擅长流行音乐，曾获过市级音乐大赛的三等奖。小金刚参加完地区音乐大赛回来，小白热情地夸她："这次'金榜题名'定是命中注定的。"小金很高兴地说她发挥得不错，不过，对手也较……

小白的推测是有根据的，建立在小金平时的能力及以前的成绩上。当然，推测并不等于明确的结果，而是具有多种可能性，但前提是被赞美者本身有实力，有可能获得好结果。

预言式推测较适用于同事与同事之间，或父母对孩子的推测，总之，是对身边较熟悉的人所采用的方式。它起到一定的激励作用。

夸人有讲究

赞美的话，人人都会说，但要说好，不仅要掌握许多小窍门，而且还要有所讲究。

首先，赞美要有根据，比如根据对方的为人处事来赞美。有根有据、有板有眼才能避开阿谀奉承之嫌。

每个人在为人方面都有其优势，笼统的词语难以说明什么，有事实做根据将变得真实可信、生动形象。

一次《东方之子》节目采访学界泰斗季羡林。主持人一开始面对电视机前的观众说道："也许，了解季羡林可以从这样一个真实的故事开始：几年前，有一个北京大学的新生入校带了大量的行李，他看见路边有一个淳朴得像农民一样的老者，便以为是学校的工友，于是，他让这位老者替自己看行李长达半小时之久。这位老者欣然同意，并尽职尽责地完成了任务。过了几天，北京大学召开新生入学典礼，这位同学惊讶地发现，坐在主席台正中的正是那一天替自己看行李的老者。"

对于这位对中外文化交流史、东西方文化比较有着高研究水平的学者的访谈，从"这样一个真实的故事开始"，目的很清楚，正如编导所说，从"他们的渊博的学识背后"，了解其"散发着独特魅力"的人格。

其次，不要假充内行。

俗话说："不是船工乱弄篙——假充内行。"肯定和赞美他人必须建立在理解的基础之上，特别是一些专业水平要求比较强的方面，尤其如此，如果你不懂装懂，就难免会出洋相。赞美是一门学问，其中一个重要的法则就是要懂行。只有"懂行"才能抓住赞美之事的特点与实质，才能不说外行话。如果不懂装懂，则经常会发生讲外行话、说得不到位等情况。

在现实生活中常常发生这种情况：在一个书法展上，常常听到有人感叹，"这字写得真是漂亮"。但究竟好在哪里，他却什么也不知道，这就是知其然，而不知其所以然。在一个画展上，一位参观者站在一幅抽象画前说："这幅画不错，可惜看不出它是画的啥东西。"这让内行的人听见了，岂不是笑掉大牙？

一些人明明知道自己是外行，还不自量力，没有自知之明，甚至厚着脸皮装内行，结果让别人看笑话。既达不到赞美他人的目的，而且还暴露了自己的无知。一位男士陪他的女朋友去听音乐会，而实际上他只会听一些流行音乐，对于高雅音乐一窍不通，当音乐会结束时，主持人希望在座的人能发表一些看法，这位男士站起来说："演得实在太好了，让人听起来欢欣鼓舞。"这时，四下响起一片哄笑之声，事后他看到女朋友脸上挂满了泪痕，原来演奏的是一支非常伤感的曲子，女朋友一气之下与之分手了。

因此，在赞美他人时，要懂得适可而止，不必画蛇添足。在措辞上，选择一些大而空的赞词，这样才不至于出错。

再次，赞美时必须从性别、性格、知识等方面来考虑。

"一母生九子，九子各不同"，即使是亲兄弟彼此的性情脾气也有所不同，更何况是来自五湖四海不同的人士。

每个人由于其个性的差异，其所喜欢的赞扬方式也就有所不同，有的人喜欢含蓄委婉，有的人喜欢直露，有的人喜欢日常工作中一个眼神及一个手势的赞扬，有的人喜欢在正式场合的称赞。如果你对喜欢含蓄的人，用直来直去的赞语，就难以达到赞美的预期效果；若你对喜欢直露的人用较为含蓄的赞语，也许他根本不能领会。

老周是某部门内的一个司长。这不，今天刚好有两个年轻人到他所管辖的司内工作，一个是研究生，男性；另一位是本科生，女性。由于了解到这位男同志是山东人，且直爽，老周感到与他相处较为轻松，根本不需要考虑什么忌讳，在日常工作中，他只要注意作为领导者的身份。工作做得好了，走到这位男下属面前，拍拍他的肩膀，然后，可以在下班后，拉他在小馆子里撮一顿，借着酒劲，毫不客气地对他赞扬一番。第二天，小伙子工作起来特别有精神，他们之间相处得也很和睦。对于那位年轻的小姐，可没有这么随便，她是上海人，生性腼腆，说话做事比较含蓄，不喜欢直白的言辞。老周根据这一情况，对这位小姐在工作中的突出成就，就采取了与那位小伙子所不同的赞扬方式。有时受到领导的嘉奖，老周都要说是这位小姐和男士的功劳，当然女士排在前面，满足女性微妙的心理，而对于生性直爽的小伙子，对于这种排名先后，则无所谓。在注意到平常言语外，老周还经常运用赞许的眼神，及一些适当的物质奖励，来鼓励她上进，如此一来，老周与她也处得和谐。于是，他们尽心尽力地工作，老周感到很是开心。

老周正是由于掌握了小伙子与上海姑娘的不同个性，采取了不同的赞扬方法，充分调动了其工作的积极性。

将道歉寓于赞美中

在道歉的时候，称赞对方，让对方获得一种自我满足感，知道自己是正确的，别人是错误的，这样能轻而易举地获得对方的谅解。例如，当你用言语伤害了同一单位一位平常挺关心你的同事之后，你向他道歉。话可以这样说："我早就想跟你做检讨，当年咱俩一块到单位，你对我一直很关心，像个老大哥似的，后来只怪我不懂事，做了些不恰当的事。""当初说的一些话是我不对，知道你宽宏大量，一定能原谅我的过错。"一般说来，在道歉时责备自己大家能做到，但是却常常忘了称赞对方几句。其实，赞美法是道歉的一个好方法。

陈先生被调派到分公司半年，一回到总公司，马上就赶着去问候以前很照顾他的田科长。

陈先生对过去田科长经常不辞辛苦地跑到分公司给予指导的事，反复地致谢，可是，不知怎么搞的，对方反应似乎很冷淡。当陈先生纳闷地走出门时，一名同事才过来告诉他说："田科长现在已经升为副处长了呀！"

不知道对方已经升官，依然用以前的职称称呼，可能会使对方心里觉得不舒服。另一方面，虽在同一个公司，总公司和分公司却由于距离的相隔，情报消息有时无法及时互通。因此像陈先生相隔半年才回到总公司的情形，最好在进入总公司之前，事先确认对方的职位是否已经有变化。当然，像陈先生上面的情形，说错的话是再也收不回来的。现在唯一能做的，就是考虑应该如何弥补。当知道事情真相后，应该马上返回去向田副处长道歉。例如，他可以说："田处！真是恭喜您了！我才半年时间没见您，就晋升为处长了，害得我都不知道，还科长科长地叫呢，真对不起。"

田处长听了陈先生的话，高兴得合不拢嘴。

一句赞美的道歉话，让对方心花怒放。相反，如果其这样道歉："对不起，我刚才叫你科长，是因为我不知道你升职了。"那么，还会是这样的结果吗？很显然答案是否定的，对方的回应肯定是面无表情的"没关系"。由此可见，用赞美的方式道歉的力量是多么的大。

人人都渴望被夸奖

赞美对任何人来说都是必不可少的。心理学家威廉·詹姆士曾说过："人类本质中最殷切的要求就是渴望被肯定。"的确，当一个人应该得到赞美而得不到时就会心灰意冷、牢骚满腹，甚至从此自暴自弃。反之，当他听到别人对自己长处的赞美时，就会感到愉快，鼓起奋进的勇气。即使他现在还不够完美，只要你给他充分的、恰如其分的赞美和肯定，那么在不久的将来，你就会惊喜地发现，他已经成为你想让他成为的那类人了。

从心理学的角度来看，人们的行为受到动机的支配，而动机又是随着人们的心理需要而产生的。一旦人们渴望得到他人肯定的心理需要得到满足，便会成为使其积极向上的原动力。比如在训练运动员的过程中，如果教练员能够适时地对运动员所取得的训练成绩加以肯定，很多时候就可以促使运动员完成他一直无法完成的某一高难度动作或姿势。

赫洛定律是一种人际关系的需求理论，它强调满足对方的渴求，以此获得他人的认可与信任。就说话而言，我们与人交谈，从某种意义而言，就是一种探求对方需求的过程，通过这种过程，我们知晓对方的心理活动，由此确定下一步谈话的内容。根据赫洛定律，我们可以探求各种人对不同幽默的喜好，随之在谈话中多多运用对方喜欢的幽默段子，那么和谐而欢娱的气氛就油然而生。

喜欢被赞美是人的一种本性。古今中外无数人的言行都证明了这一点。

卡耐基小时候是一个公认的非常淘气的男孩。在他9岁的时候，父亲把继母娶进家门。当时他们是居住在弗吉尼亚州的乡下的贫苦人家，而继母则来自条件较好的家庭。他父亲向她介绍卡耐基时说："亲爱的，希望你注意这个本地最坏的男孩，他可让我头疼死了，说不定他会在明天早餐以前拿石头扔你，或者做出别的坏事，总之让你防不胜防。"

出乎卡耐基意料的是，继母微笑着走到他面前，托起他的头看看他，接着又看看丈夫，说："你错了，他不是本地最坏的男孩，而是最聪明的但还没有找到发挥他聪明才智的方式的男孩。"继母的话说得卡耐基心里热乎乎的，因为在继母到来之前，没有一个人称赞他聪明，他的眼泪几乎滚落下来。从此以后，他和继母建立起友谊，而这也成为激励他的一种动力，使他日后创造了成功的 28 项黄金法则，帮助千千万万的普通人走上了成功和致富的光明大道。

所有人都渴望被赞美。因为赞美，我们可以获得更多前行的动力；因为赞赏，我们可以确认自己存在的价值。吉祥上师对这一人性特点曾做过精准的剖析，他认为："我们大多数人总是希望得到别人的赞美，却很吝啬对别人的赞美。当我们做了一点小事的时候，总是希望别人可以来表扬自己。这是很多人都在不断重复的思维怪圈。"上师提醒我们说："应该多赞美别人，想想当我们取得小小进步，或者做了一点小事，别人总是击掌称赞的时候；想想我们在获得赞扬时的兴奋与喜悦，我们就应该怀着感恩的心，时刻提醒自己，好好去为别人的努力鼓掌，无论成功或失败。"

没有人不会为真心诚意的赞赏所触动，领导也是如此。下属要善于抓住领导胜过别人的、最引以为豪的东西，并将其放在突出的位置进行赞美，这样往往能起到出乎意料的效果，达到和领导沟通的良性效果。对于这一点，历史上还有一个很经典的实例。

古时候，一个叫彭玉麟的官员，有一次路过一条狭窄的小巷。一个女子正在用竹竿晾晒衣服，一不小心竹竿掉了下来，正好打在他的头上。彭玉麟勃然大怒，指着女子破口大骂起来。那女子一看，认出是官员彭玉麟，不禁冷汗直冒。但她猛然间急中生智，便正色道："你这副腔调，像行伍里的人，这样蛮横无理。你可知彭宫保就在我们此地！他清廉正直，爱民如子，如果我去告诉他老人家，怕要砍了你的脑袋呢！"彭玉麟一听这女子夸赞自己，不禁喜气上升，而且又意识到自己的失态，马上心平气和地走了。

晒衣女面对彭玉麟的怒气，急中生智，采用美誉推崇的方式来遏止对方。她装作不知道对方是谁反而斥责对方蛮横无理，并且夸彭宫保清廉正直，说向其告状会治他的罪。这并非"当面"夸奖，却胜过当面夸奖，说得彭玉麟心里美滋滋的：自己在民间居然有这么好的吏治声誉，绝不应该为这些小事而损害形象。幡然醒悟之后，便转怒为笑，一场眼看要爆发的争吵就这样巧妙地化解了。

晒衣女的这一招的确高明，一顶恰到好处的"高帽"往往能浇灭对方的怒火，因为维护自己在别人心目中的好形象是每个人本能的选择，在一番赞美面前，谁还有心情去生气呢？

另外，对领导说的赞美话要切合实际，如果到领导家里，与其乱捧一场，不如赞美领导的房子布置得别出心裁，或欣赏壁上的一幅好画，或惊叹一个盆栽的精巧。若领导爱狗，你应该赞美他养的狗，领导养了许多金鱼，你应该谈那些鱼的美丽。赞美领导最在意的东西，最心爱的宠物，最费心血的设计，这比说上许多无谓的虚泛的客套话更受用。

清朝末年，著名学者俞樾在他的著作《一笑》中，讲过这样一个故事。

古代有一个京城的官吏，被调到外地任职。临行前，他去跟恩师辞别。恩师对他说："外地不比京城，在那儿做官很不容易，你应该谨慎行事。"

官吏说："没关系，现在的人都喜欢听好话，我已经准备了一百顶高帽子，见人就送他一顶，不至于有什么麻烦。"恩师一听这话，非常生气地对这位官吏说："我反复告诉过你，做人要正直，对人也该如此，你怎么能这样？"

官吏说："恩师息怒，我这也是没有办法的办法。要知道，天底下像您这样不喜欢戴高帽子的人能有几位呢？"官吏的话刚说完，恩师就得意地点了点头："你说得也有道理。"

从恩师家出来，官吏对他的朋友说："我准备的一百顶高帽子，现在仅剩九十九顶了！"

这个笑话说明谁都喜欢听赞美的话，就连那位自称"做人要正直"的老师也一样。所以，在拜访客户时，请不要忘记适度的赞美。

讨厌别人赞美自己的人少之又少。即使有，其内心的本意也未必尽然。因为人都有获得尊重的需要，而赞美，则会使人的这一需要得到极大的满足。所以，要想获得他人的好感，最有效的方法就是适度赞美他。

每个人都有很多优点和个人特点，如果赞美符合他人的实际情况，就会收到意想不到的效果，若只是凭空捏造、信口开河，则成了虚伪。假如你对我们的养护工人这样说："你真是一个成功人士，你有非凡的气质，你是一个伟大的人物"。那么你一定不会获得他人的好感。因为这句赞美的语言你用错了人，自然就显得虚伪。对我们的养护职工你可以用"吃苦耐劳，不偷奸耍滑，对工作敬业，聪明朴实肯动脑筋"等语言给予肯定和赞美，这样的赞美才显得真诚。

赞美的语言人人爱听，这是人们的共同心理。恰如其分的赞美会让人精神愉悦，赢得他人的信任和好感。在许多场合，适时得当的赞美常常会产生神奇功效。美国前总统林肯曾经说过："人人都需要赞美，你我都不例外。"人人都渴望赞美，这是人们的共同愿望。领导对职工给予赞美，是对职工工作成绩的肯定，能鼓励职工充分发挥主观能动性和聪明才智，再接再厉地取得更大的成绩。朋友之间、同事之间给予赞美，能使彼此之间感情更融洽，友情更纯真。夫妻之间相互欣赏、赞美，可以增进感情、巩固婚姻。当父母的不失时机恰到好处地赞美儿女，既鼓励他们百尺竿头更进一步，又可增强家庭的凝聚力。一个笑容可掬、善于发现别人优点并给予赞美的人，肯定会受到别人的尊敬和喜爱。留意别人的长处，学会欣赏别人，赞美他人，这是一门为人处世的艺术。

赞美的话要发自内心

如果你的赞美之辞不是发自内心的，那么，你的赞美很难达到预期的功效。

赞美别人就是发现别人的美，并且用恰当的语言表达出来。

赞美的语言稍微夸张一点是可以的，但是倘若言过其实，便会让人怀疑你赞美的诚意和动机了。

有这样一个人，在单位里经常赞美同事，见到领导时，赞美的话更是滔滔不绝。见到身材魁梧的领导，他就说："一看就知道您是有福之人啊！"当见到秃顶的领导时，他就说："贵人不顶重发，聪明绝顶啊！"这些话倒是不伤大雅，倒还能让领导开心，只是有一次，因为他过分夸大的赞美言词让领导对他有了重新的认识。

某领导在应酬时，酒喝多了，走路时一不小心摔了一跤，这时，这位经常赞美领导的"赞美家"赶紧过来扶起领导，嘴里说道："领导为了工作，连自己的身体都不顾了，就算是喝得胃出血也没有任何怨言。"喝醉了酒的领导一听到有人这样"赞美"自己，一下子就火了，指着这位时时不忘赞美领导的人破口大骂："你到底会不会说话，你那是称赞我吗？你是盼着我死吧？"这次，平日伶牙俐齿的他再也说不出任何赞美之词了。

上文中那个人的赞美之所以得不到听者的认可，是因为他的赞美之词不是发自内心的。在他的赞美中，有很重的趋炎附势、惺惺作态的成分。这样的赞美是无法打动人心的。

小王是建筑公司的拆迁办主任，在拆迁工作推进过程中，一家不配合，使拆迁工作不得不停下来。小王通过了解得知，这家的主人是一名老军人，他之所以不肯搬家，是因为这套四合院是他光荣离休后政府赠予他的。

随后，小王亲自拜访了这位老人。他进入到老人的书房，看见墙上都是老人身穿军装的照片，不由得说道："您老年轻时一定是名勇敢的军人。因为我在您身上仿佛见到了你当年奋勇杀敌的勇猛和果断。"老人没有作声。小王继续说："我小的时候就愿意和我爷爷在一起，他总有许多战场上的故事可以讲，后来他年纪大了，有的故事甚至都讲20遍了，可是每次他像是第一次讲一样，眼中充满了激动的泪水。我想您所知道的故事一定和我爷爷知道的一样多，甚至比他的还多。而这其中的辛酸不易，我想只有您自己体会得最深刻了。"

说到此，小王起身说道："老先生，打扰您这么久，真是对不住啊！"说完他就走出了屋子，往大门外走去。当他即将迈出大门时，老人在背后喊道："明天过来时把拆迁的公文带来，让我好好瞅瞅。"小王心里的大石头终于落了地，老人要看公文，证明拆迁的事情有戏了。

从头至尾，小王只字未提拆迁的事，只是和老人聊家常。其实，正是小王的家常话打动了老人。小王称赞老人勇敢，称赞老人阅历丰富，这都是发自内心的赞美。他的赞美之词在老人的心中也激起了层层涟漪。因为小王真诚的赞美，叩开了老人的心门。

人人都喜欢听到他人的赞美，都以得到他人的赞美为荣。因为，如果能得到别人的赞美，说明自己的行为得到了他人的认可，对赞美他的人自然就会产生好感。无论何时，赞美都拥有神奇的力量，能帮助他人走出困境，是交际中最有效的手段之一。发自内心的赞美，是任何人都喜爱的。

有些人不是出自真心而是随大流，跟着别人说重复的赞美话，或者附和别人的赞美，这会引起对方的反感。因为这样的赞美会令对方认为你是在溜须拍马。

出其不意的赞美让人喜出望外

赞美的新意很重要，需要我们综合各方面的因素来翻出恰当的"新"意，否则便会弄巧成拙、适得其反。

一些人在公共场合赞美别人时，自己想不出怎样赞美，只能跟着别人说重复的话，附和别人的赞美。常言道：别人嚼过的肉不香。朱温手下就有一批鹦鹉学舌的人。

一次，朱温与众宾客在大柳树下小憩，独自说了句："柳树好大！"宾客为了讨好他，纷纷起来互相赞叹："柳树好大。"朱温听了觉得好笑，又道："柳树好大，可做车头。"实际上柳木是不能做车头的，但还是有五六个人互相赞叹："可做车头。"朱温对这些鹦鹉学舌的人烦透了，厉声说："柳树岂可做车头！"于是把说"可做车头"的人抓起来杀了。

在人际交往交往中，一家人之间或一个科室的同事之间，有些赞美很可能多次重复，这就没什么意义和作用。就像是同一张唱片或同一盘录音带只是在不同的时间播放一样，让人感觉乏味。

赞美加一点新意，鼓励作用会更大。正如有人所说："一点新意，一片天空。"

赞扬要有新意，当然要独具慧眼，善于发现一般人很少发现的闪光点和兴趣点，即使你一时还没有发现更新的东西，也可以在表达的角度上有所变化和创新。

大部分的女人，都是很质朴的，但仪态万方这一目标，却是她们孜孜以求的。这是她们最大的荣誉，并且常常希望别人赞美这一点。但是对那些有沉鱼落雁之容、闭月羞花之貌的倾国倾城的绝代佳人，就要避免对其容貌的过分赞誉，因为对于这一点其已有绝对的自信。你可以转而去称赞其智慧和品格。

马克·吐温曾经说过："一句好的赞美能当我十天的口粮。"我们每天都让新鲜的赞美流淌入他人的生活中，那么彼此对生活的积极性就会增强。

夸人要夸到点子上

把话说在点子上，往往能收到意想不到的效果，而夸人夸到在点子上，更会令对方喜出望外。

赞美是人们生活中不可或缺的生活调味剂，有了它，人与人之间的距离则会变得越来越近。如果要消除两人间的隔阂，真心地赞美对方是你最理想的方法。

但如果我们的赞美没有针对性，没有赞美到点子上，那么很可能会引起对方的反感。

当你与年老的长者交谈时，可以多称赞他引以为豪的过去，因为老年人一般都希望别人能够记住他当年的业绩和往日的雄风。当你与年轻人交谈时，不妨语气稍为夸张地赞扬他的创造才能和开拓精神，并举出几点实例证明他的确能够前程似锦。当你与商人交谈时，可以称赞他头脑灵活，生财有道。当你与知识分子交谈时，可以称赞他知识渊博、宁静淡泊。当然，这一切要依据事实，切不可虚夸。

因为赞美过度，会让人觉得你是在阿谀奉承、拍马溜须。

所以，在赞美别人时一定要善于寻找对方最希望被人赞美的地方。

云莉从升入大学的第一天，就被同学们评为"班花"。云莉自己也知道，从小到大她听到的称赞最多的就是关于她漂亮的外表，对于这样的赞美，云莉感觉有点儿"疲劳"了。其实在她内心深处最希望听到别人说她"有才华，将来肯定会有所成就"。云莉的男朋友就是靠着别具一格的赞美才赢得了她的芳心。"在我身上，他总能发现别人发现不了的优点。"云莉开心地说。

由此可见，赞美就得"赞"到点子上。这样的赞美才不会给人虚假和牵强的感觉，这样的赞美往往会使对方听来十分亲切真实，使对方产生一种遇到知音的感觉，从而增进友谊，缩短彼此间的距离。

第九章

懂心理，聊得停不下来

用暗示性语言让他精神振作

有些病人往往因自己的疾病治愈缓慢而灰心。这时，探视者如果能抓住病人在治疗过程中出现的某些症状缓解的依据，适时予以积极的暗示，将会消除病人的悲观心理，使其扬起希望的风帆，积极配合治疗。有一个患黄疸型肝炎的病人通过一段时间的住院治疗，总以为自己的病没有好转，产生了悲观情绪，丧失了治疗信心。这时，一个亲戚前来探视，遂暗示说："你的脸色比以前好多了，听医生说，你的黄疸指数已有所下降，这说明你的病情在好转！"这句暗示性语言，客观实在，使病人的精神倏然振作，于是，他乐观地接受治疗，加快了康复进程，不久便病愈出院了。

探望住院治疗的亲友时，应该多说些有利病人振奋精神、增强信心、促进疾病治疗和恢复健康的语言。倘若面对病情较重而丧失治疗信心的亲友，你说："哎呀，你病得不轻啊，看你瘦成这般模样了。"这无疑会使病人的情绪"雪上加霜"，结果不言而喻。只要你言语得当，定会使病人在愉悦中走上健康之路。

在探望病人时，我们使用的更多的是安慰、鼓励、劝说性的话，那么在说这些话时，也可以运用让他精神振作的暗示性语言。

1.运用安慰性语言时，可以代表他人暗示病人

探视者对患病的亲友病痛的安慰，是沁人心脾的。如果运用

暗示性的安慰，效果会更明显。例如，有个初患胆囊疾病的患者，因为疾病发作时疼痛难忍，加之一时未得到确诊而心里恐慌，大喊大叫。这时，患者的一个同事闻讯前来探望，并安慰说："请你冷静一下，医生正准备给你做 B 超检查。你放心，这个部位不会有大病，我的一个亲戚和你有过相似病症，一查才知道不过是胆囊炎，容易治疗。"一席安慰话，似乎是一剂灵丹妙药，患者的情绪很快稳定了下来。

2. 运用鼓励性语言时，可用病人本身的优势进行暗示

当某些患者对自己疾病的治疗丧失信心时，若适时地给予真诚和符合客观事实的鼓励，就能在患者身上产生"起死回生"的作用。有一个年轻的建筑工人在高空作业时不慎摔伤，处于昏迷状态。患者在医院里苏醒后，觉得下肢不听使唤，遂怀疑自己将终身残疾，萌生了轻生念头。患者的一个友人发现这一苗头后及时鼓励说："你年轻力壮，生理机能强，新陈代谢旺盛，只要积极配合治疗，日后加强锻炼，肯定不会残废，这是医生说的，请你相信我！"短短几句鼓励话，使患者抛却了轻生念头，增强了治疗信心。以后的日子，患者不但积极配合治疗，而且坚强地投入到生理机能的恢复锻炼中，数月后即伤愈出院。后来他跟友人说："要不是你适时给予我鼓励，我是无论如何也不会对恢复健康抱有信心的。"

3. 运用劝说性语言时，借助实际情况进行暗示

一些患者在治疗过程中，往往会因为手术的疼痛或怀疑有危险而产生恐慌心理，进而拒绝治疗。面对患者的这一心理障碍，人们去医院探望时，应该积极做些说服工作。尤其是一些颇具现身说法的劝说性语言，说服力更强，效果最好。有一个年老的胃

癌早期患者，因为害怕剖开腹腔而拒绝手术。其家属虽一再劝说，都不奏效。一个做过胃切除手术的老朋友前来探视，他通过自己的亲身经历劝慰道："你看我做了手术后恢复得多好。你还是早期，手术后更容易复原。所以，你不用害怕。"通过朋友的劝说，这个患者终于接受了手术。

用积极的心理暗示劝慰他人

当我们的朋友遭遇不幸时，我们的反应往往不够得体。我们总是说出他们不愿意听的话，令他们难过，他们需要我们时，我们却不在他们身边；或者，就是和他们见了面，我们也故意回避那个敏感的话题。既然我们并非存心对他们无礼或冷漠，那么，为什么我们会在其实愿意帮忙的时候有那样的表现呢？

我们大多数人都有过这样的经验，就是无意中说错了一句话，巴不得想把它收回。我们怎样才能在某个人处于困难时对他说出适当的话呢？虽然没有严格的准则，但有些办法可使我们衡量情况和做出得体而真诚的反应，这里是一些建议：

1. 留意对方的感受，不要以自己为中心

当你去探访一个遭遇不幸的人时，你要记得你到那里去是为了支持他和帮助他。你要留意对方的感受，而不要只顾自己的感受。

不要以朋友的不幸际遇为借口，而把你自己的类似经历拉扯出来。要是你只是说："我是过来人，我明白你的心情。"那当然没有什么关系。但是你不能说："我母亲死后，我有一个星期吃不下东西。"每个人的悲伤方式并不相同，所以你不能硬要一个不像你那样公开表露情绪的人感到内疚。

2. 尽量静心倾听，接受他的感受

丧失了亲人的人需要哀悼，需要经过悲伤的各个阶段和说出他们的感受和回忆。这样的人谈得越多，越能产生疗效。要顺着你朋友的意愿行事，不要设法去逗他开心。只要静心倾听，接受他的感受，并表示了解他的心情。有些在悲痛中的人不愿意多说话，你也得尊重他的这种态度。一个正在接受化学治疗的人说，她最感激一个朋友的关怀。那个朋友每天给她打一次电话，每次谈话都不超过一分钟，只是让她知道他惦记着她，但是并不坚持要她报告病情。

3. 说话要切合实际，但是要尽可能表示乐观

泰莉·福林马奥尼是麻州综合医院的护理临床医生，曾给几百个艾滋病患者提供咨询服务。据她说，许多人对得了绝症的人都不知道说什么才好。

他们说些"别担心，过不了多久就会好的"之类的话，明知这些话并不真实，而病人自己也知道。

"你到医院去探病时，说话要切合实际，但是要尽可能表示乐观。"福林马奥尼说，"例如'你觉得怎样'和'有什么我可以帮忙的吗'，这些永远都是得体的话。要让病人知道你关心他，知道有需要时你愿意帮忙。不要害怕和他接触，拍拍他的手或是搂他一下，可能比说话更有安慰作用。"

4. 主动提供具体的援助

一个伤恸的人，可能对日常生活的细节感到不胜负荷。你可以自告奋勇，向他表示愿意替他跑腿，帮他完成一项工作，或是替他送接学钢琴的孩子。"我摔断背骨时，觉得生活完全不在我掌握之中。"一位有个小女孩的离婚妇人琼恩说，"后来我的邻居们

轮流替我开车，使我能够放松下来。"

5.要有足够的耐心

丧失亲人的悲痛在深度上和时间上各不相同，有的往往持续几年。"我丈夫死后，"一位老人说，"儿女们老是说：'虽然你和爸爸的感情一直很好，可是爸爸已经去世了，你得继续活下去才好。'我不愿意别人那样对待我，好像把我视作摔跤后擦伤了膝盖而不愿起身似的。我知道我得继续活下去，而最后我的确活下去了。但是，我得依照我自己的方法去做，悲伤是不能够匆匆而过的。"

要是一个朋友的悲伤似乎异常深切或者历时长久，你要让他知道你在关心他。你可以对他说："我能理解你的日子一定不好过。但我觉得你不应该独立应付这种困难，让我帮你好吗？"

制造一点悬念，让对方改变自己的观点

对于自以为是的人，要说服他，最忌正面交锋、针锋相对，这样不但不能达到预期的目的，反而会激怒被说服者，使其更加坚守自己的观点。要说服这种人，应该先巧妙地制造悬念，通过卖关子来吊对方的胃口，使对方的坚持情绪松弛下来，把他的好奇心诱发出来，在解释悬念的过程中，可用简单的事理或推论证明对方的错误，从而让其改变观点。

某建筑公司的李工程师，有一次说服了一个刚愎自用的人。有一个工头，他常常坚持反对一切改进的计划。李工程师想换装一个新式的指数表，但他想到那个工头必定要反对的。李工程师去找他，腋下挟着一个新式的指数表，手里拿着一些要征求他的意见的文件。当大家讨论着关于这些文件的事情的时候，李工程

师把那指数表从左腋下移动了好几次，工头终于先开口了："你拿着什么东西？"李工程师漠然地说："哦！这个吗？这不过是一个指数表。"工头说："让我看一看。"李工程师说："哦！你不用看的！"他假装要走的样子，说："这是给别的部门用的，你们部门用不到这东西。"但是，工头又说："我很想看一看。"当他审视的时候，李工程师就随便但又非常详尽地把这东西的效用讲给他听。他终于喊起来说："我们部门用不到这东西吗？糟糕，它正是我想要的东西呢！"李工程师故意这样做，果然很巧妙地把工头说动了。

　　要制造悬念时，你还可以让自己的言行，有多种可能的含义。然后，诱导对方的注意力在一种含义上固定下来，即为对方设下陷阱，使对方产生错觉。最后突然向另一种含义上转去，情境的对转，使对方突然产生期待的失落感，从而产生了强烈的戏剧性效果。

巧妙运用逆反心理，对其进行善意的说服

　　妻子说："别抽烟了，看你把家里弄得乌烟瘴气的。"丈夫不服气，说："抽烟怎么了，不抽烟还是男人吗？不愿意闻，就捂住你的鼻子。"

　　爸爸说："写完作业以后再看电视，听见没有？"儿子却嚷嚷着说："不嘛，不嘛！看完电视再写作业。"

　　这样的现象在日常生活中是十分常见的。你越是让我做什么，我偏不做；你越是不让我做什么，我偏要做。其实，这是人们逆反心理的一种体现。逆反心理是人们彼此之间为了维护自尊，而对对方的要求采取相反的态度和言行的一种心理状态。这

种现象在青少年人群中是最常见的，其他年龄阶段的人群也会有这种心理。

逆反心理是一种常见的心理现象。每个人都有好奇心，因为好奇而想要了解某些事物。当这些事物被禁止时，最容易引起人们强烈的好奇心和求知欲。特别是只做出禁止而又不解释禁止原因的时候，反而更加激发了人们的逆反心理，使人们更加迫切地想要了解该事物。因此，你越是禁止，对方越是想知道，形成一种相对的局面。

逆反心理对个人来说，有一定的好处：它能够张扬个性，突破成规，有利于改变和创新，在一定程度上能够说明当事人有勇气和信心、敢于挑战权威的精神和态度。如果能够得到合理的激发，则有助于一个人潜力的发挥。但是如果逆反心理运用不当，则会使人形成一种狭隘的心理定式和偏激的行为习惯，处处与人对着干，使自己变得固执、偏激，无法客观地、准确地认识事物的本来面目，无论何时何地总是下意识地与常理背道而驰，做出错误的选择和决定。

逆反心理可以造成这样的一种心理结果，即你越是制止人们的某种行为，他们越是想要这样去做；如果你坚持采取某种行动，结果却会使对方采取相反的行动。利用这种心理效果，我们可以设下一个小陷阱，刺激对方的逆反心理，使其主动地钻进来，以达到改变人们某种行为的目的。

苏联心理学家普拉图诺夫在《趣味心理学》一书的前言中，特意提醒读者请勿先阅读第八章第五节的故事。大多数读者却因为被禁止，而激发了逆反心理。不仅没有遵守作者的告诫，而且采取了完全相反的态度，首先便迫不及待地翻看第八章的内容。

其实这也是作者的本意，他正是利用人们的逆反心理达到了让人们关注第八章的内容的目的。如果他只是在前言中说，第八章的内容很精彩，希望大家仔细阅读，这样反而起不了太大的作用。

可见，巧妙地利用别人的逆反心理是可以有效地改变其行为的。我们要善于利用这一点，学会对人们进行善意的规劝和说服，同时也要警惕别人利用逆反心理来激你，使你做出不理智的选择。

人们做任何事情都会有自己最初的欲望和想法，不希望受到别人的指使或者限制。如果想要改变他们的行为，巧妙地利用逆反心理是可以实现的。同时，我们也要警惕别人对自己的逆反心理的恶意利用。

运用对方的心理定式，来巧妙说服对方

世界著名的心理催眠专家埃米尔松在对人进行催眠的时候，常准备很多对方肯定会回答"是"的问题，然后依次问对方这些问题。通过让对方不断地回答"是"，人为地让对方形成一种对任何问题都回答"是"的心理定式，进而达到心理催眠的效果。

在心理学上有个非常著名的原理叫作"刻板印象原理"，指的是：一个人在一定的时间内所形成的一种具有一定倾向性的心理趋势会影响他随后的思维方式和言行举止。即一个人在其已有经验的影响下，心理上通常会对某一特定活动处于一种准备的状态，从而使其认识问题、解决问题带有一定的倾向性与专注性。

刻板印象原理无时无刻不在影响着人的思想和行为。苏联心理学家曾做过这样一个关于"刻板印象"的实验：

他把同一张照片出示给参加实验的两组大学生看。不过，心理学家事先告诉第一组的学生：照片上的人是一个怙恶不悛的罪犯；告诉第二组的学生：照片上的人是一位伟大的科学家。最后，心理学家让这两组学生分别用文字来对照片上这个人的相貌进行描述。

结果，第一组学生描述道：此人深陷的双眼表明其内心充满了仇恨，突出的下巴昭示着他沿着犯罪的道路越走越远的内心。第二组学生描述道：此人深陷的双眸表明其思想的深度，突出的下巴表明他在求知的道路上不畏艰难险阻的意志。

同一个人，之所以会得到如此截然不同的评价，就是因为评价者之前得到的关于此人身份的提示有区别。一开始产生了反感，后来就很难认同；一开始认同，往往就会一直认同。在人际交往中，如果能够巧妙地利用人的心理定式，就可以非常简单地让他人点头称"是"，对你心悦诚服。

"今天的天气真不错啊！"

"是啊！"

"夫人和孩子都好吧？"

"是的，很好。"

"今年是你的本命年吧？"

"是的，我属虎。"

让对方不断地同意你的意见，制造对方"同意"的心理定式。最后，引入正题，对方往往也会同意。

几乎每个人都有过这样的心理经历：用"不"来拒绝对方，并不能让自己心情愉悦，甚至有时会产生不愉快的感觉。相反，表示同意的肯定性回答往往会给自己带来愉快轻松的感觉。也就是说，对人来说，同意是自然的态度，而反对要比同意困难。再加上心理定式对"同意态度的强化"，人在连续地同意了一连串事情之后，要突然扭转态度是非常困难的。

因此，通过制造对方"同意"的心理定式来使对方心悦诚服，是切实可行的说服策略。在与人交往的过程中，先就一些对方肯定会表示同意的事情取得对方的同意态度，使对方形成心理定式，最后再道出正题，往往就会避免双方的许多意见分歧，使彼此在最短时间内达成共识。

利用"期望效应"，使他人按自己的意图行事

希望别人来拜托自己、对他人有所期望、期望他人对自己有所期望，这是每个人都有的心理状态。对他人有所期望是出于现实的需要，毕竟每个人的能力是有限的；而希望别人来拜托自己，希望别人对自己有所期望，则是实现自我价值的本能需要。当别人来拜托你的时候，你心中会油然而生一股满足感、成就感，做起事来也干劲十足。

因此，如果你想要他人听从你的指示，不妨将自己对对方的期望明确地表达给对方。因为心理学上有一个非常著名的"期望效应"，它是说，人往往会按照他人所期望的那样去做。

1960 年，罗森塔尔在加州一所学校做了一个著名的实验来论证"期望效应"。

那是新学期刚开始的时候，罗森塔尔请求校长对两位教师说："根据以往的教学考察，我认为你们是本校最优秀的教师。为此今年学校特地挑选了一些极为聪明的孩子给你们当学生。但是，为了不伤害到其他的教师和学生，请你们尽量像平常一样教这些聪

明的孩子，一定不要让其他人知道你们是挑选出来的最优秀的老师，你们的学生也是被特意挑选出来的高智商的孩子。"

之后的一年里，这两位教师更加努力地教学。在学年考试中，这两个班级的学生成绩成为全校中最优秀的，将其他班级远远地抛在了后面。

接着，校长公开了一个令人惊讶的事实：这两位老师和他们的学生都不是被特意挑选出来的优秀者，而是随机选出的。

在这个实验中，校长撒了谎，所谓的"天才学生"和"最优秀的老师"其实都是平凡人。但是由于校长的权威性，以至于所有人都相信了这个谎言。首先，两位教师相信了它，接着教师又在不知不觉中通过自己的语言和行为将期望传递给学生——"我期望你们是最优秀的"。这样，无论是教师还是学生，他们的自尊、自爱、自信、自强都被前所未有地激发起来，并且推动着他们去取得成就。

由此可见，利用"期望效应"来使他人按照自己的意图行事，是一个非常明智的方法。尤其是当你处于对方上级的地位的时候，对下属满怀期望，这种"降级拜托"的行为往往能在更大程度上激发起对方的干劲儿，使"期望效应"产生更大的影响。

绝大多数人都有过这样的经历：当自己的上级对自己说："我对你的将来抱有很大的期望"或者"我对你很有信心，你一定能将这份工作干好"的时候，心中就会产生一种无法形容的兴奋感，并下定决心好好干，以免辜负了领导的期望。

值得注意的是，适度地对他人寄予期望是一件好事，但如果超过他人的能力范围期望过度的话，就会给对方造成沉重的心理负担，令人惶恐不安，进而产生反抗心理。

一开始就先声夺人，反客为主

如果你居于弱势地位，当对方不肯轻易顺从你的意见，甚至显示出一种居高临下的姿态时，你可以开始一上来就先声夺人，从而让对方屈从和改变主意，反客为主，占据你的主动地位。

《三国演义》中讲到，曹操率领大军南征，刘备败退，无力反击，大有坐以待毙之势。以刘备单独的力量，绝对无法与曹操的势力相抗衡，解决的办法只有一个，就是与江东的孙权联手。此时，诸葛亮自愿出使到江东做说客。他并不是像一般人那样低声下气地求孙权，而是采用"反客为主"的方法，表现出一副强硬的态度，硬是激发了孙权的自尊心。

当时，东吴孙权自恃拥有江东全土和十万精兵，又有长江天堑作为天然屏障，大有坐观江北各路诸侯恶斗的态势。他断定诸葛亮此来是做说客，就采取了一种居高临下的姿态等待着诸葛亮的哀求。

不想诸葛亮见到孙权，开门见山地说道："现在正值天下大乱之际，将军你举兵江东，我主刘备募兵汉南，同时和曹操争夺天下。但是，曹操几乎将天下完全平定了，现在正进军荆州，名震天下，各路英雄尽被其网罗，因而造成我主刘备今日之败退。将军你是否也要权衡自己的力量，以处置目前的情势？如果贵国的军势足以与曹军相抗衡，则应尽快与曹军断交才好。"

诸葛亮只字不提联吴抗曹的请求，他知道孙权绝不会轻易投降，屈居曹操之下。孙权听完诸葛亮一席话，虽然不高兴，但不露声色，反问道："照你的说法，刘备为何不向曹操投降呢？"

诸葛亮针对孙权的质问，答道："你知道齐王田横的故事吗？

他忠义可嘉，为了不服侍二主，在汉高祖招降时不愿称臣而自我了断，更何况我主刘皇叔乃堂堂汉室之后。钦慕刘皇叔之英迈资质，而投到他旗下的优秀人才不计其数，不论事成或不成，都只能说是天意，怎可向曹贼投降？"

虽然孙权决定和刘备联手，但面对着曹操八十万大军的势力，心里还存在不少疑惑——诸葛亮看出这一点，进一步采用分析事实的方法说服孙权。

"曹操大军长途远征，这是兵家大忌。他为追赶我军，轻骑兵一整夜急行三百余里，已是'强弩之末'。且曹军多系北方人，不习水性，不惯水战。再则荆州新失，城中百姓为曹操所胁，绝不会心悦诚服。现在假如将军的精兵能和我们并肩作战，定能打败曹军。曹军北退，自然形成三分天下的局面，这是难得的机会。"

于是，孙权遂同意诸葛亮提出的孙刘联手抗曹的主张，这才有后来举世闻名的赤壁之战。诸葛亮真不愧为求人高手。

活着就是一种对抗，如果你不想被对方压倒，那你就得先声夺人，反客为主。时刻占据上风才能赢。

恰当的反馈，能使对方更积极地为你办事

心理学家赫洛克曾做过一个有关反馈的著名的实验：

他把 106 名四五年级的小学生分成四个组，让他们每天练习相同的数学题目。当然，不同的组练习后，所受到的"待遇"是完全不同的。

第一组为受批评组，每次练习后，都挑出学生们的错误，并严加批评。

第二组为受表扬组，当学生们练习完以后，针对他们不同的

良好表现予以表扬和鼓励。

第三组为被忽视组，对这组的成员，既不批评也不表扬，只让其静听其他两组挨批评和受表扬。

第四组为控制组，这组和前三组是隔离的，并且也不会得到来自外界的任何评价。

一段时间后，赫洛克对四个组的练习效果进行了考察。结果表明：控制组的练习效果是最差的。而在前三组中，被忽视组的练习效果明显低于其余两组。而在练习效果相对较好的受表扬组和受批评组中，受表扬组的练习效果最好，并且呈现不断上升的趋势。

由此可见，不同的评价对学生们的活动效果有着不同的影响，而没有评价是最坏的情况。其实，评价就是对他人活动的一种反馈，而所谓反馈指的是行为者对自己行为结果的了解，这种了解能够强化先前行为的作用，从而使行为者更加积极地做出类似的行为，提高行为的效率。这一现象，被心理学家称为"反馈效应"。也就是说，给予对方合适的反馈信息，能够使他更加积极地努力。

生活中，反馈效应是普遍存在的。我们应该记住：有反馈比没有反馈好，正面反馈比负面反馈好，即时反馈比远时反馈好。而作为管理者，想让团队成员积极地为你效力，以下几点是值得注意的：

1. 在活动过程中，及时地进行自我反馈，即自省。避免盲目性，找到最佳方法。

2. 重视别人所做的评价，结合实际情况客观地进行自我总结，提高自身素质来推动事物的进程。

3.正确对待自己的进步，要胜不骄败不馁，始终朝着前方更加远大的目标不懈地努力。

4.在团队中建立起合理的反馈制度，及时、客观地对成员的活动进行评价，以保证他们的活动效率。

点到他的利害之处，让说服更有效

说服别人就像"打蛇打七寸"一样，抓住对方切身利益的得失，会使他的心弦受到颤动，促使他深入思考，从而放弃自己消极的、错误的行动。

巴西球王贝利，在很小的时候就显示出了踢球天赋，并且取得了不俗的成绩。

有一次，小贝利参加了一场激烈的足球比赛。赛后，伙伴们都精疲力竭，有几位小球员点上了香烟，说是能解除疲劳。小贝利见状，也要了一支。他得意地抽着烟，看着淡淡的烟雾从嘴里喷出来，觉得很潇洒、很前卫。不巧的是，这一幕被前来看望他的父亲撞见了。晚上，贝利的父亲坐在椅子上问他："你今天抽烟了？"

"抽了。"小贝利红着脸，低下了头，准备接受父亲的训斥。

然而，父亲并没有这样做。他从椅子上站起来，在屋子里来回地走了好半天，这才开口说话："孩子，你踢球有几分天赋。如果你勤学苦练，将来或许会有点儿出息。你应该明白足球运动的前提是你具有良好的身体素质，可今天你抽烟了。也许你会说，我只是第一次，我只抽了一根，以后不再抽了。但你应该明白，有了第一次便会有第二次、第三次，每次你都会想：仅仅一根，不会有什么关系的。但天长日久，你会渐渐上瘾，你的身体就会不如从前，而你最喜欢的足球可能因此渐渐地离你远去。"

父亲顿了顿，接着说："作为父亲，我有责任教育你向好的方向努力，也有责任制止你的不良行为。但是，是向好的方向努力，还是向坏的方向滑去，主要还是取决于你自己。"说到这里，父亲问贝利："你是愿意在烟雾中损坏身体，还是愿意做个有出息的足球运动员呢？你已经懂事了，自己做出选择吧！"

说着，父亲从口袋里掏出一沓钞票，递给贝利，并说道："如果不愿做个有出息的运动员，执意要抽烟的话，这些钱就作为你抽烟的费用吧！"说完，父亲走了出去。小贝利望着父亲远去的背影，仔细回味着父亲那深沉而又恳切的话语，不由得掩面而泣。过了一会儿，他止住了哭泣，拿起钞票，来到父亲的面前："爸爸，我再也不抽烟了，我一定要做个有出息的运动员！"从此，贝利训练更加刻苦。后来，他终于成为一代球王。至今，贝利仍旧不抽烟。

一个人最关心的往往是与自己有关的利益。所以，当你想要劝说某人时，应当告诉他这样做对他有什么好处，不这样做则会带来什么样的不利后果。相信他不会不为所动。

顺言逆意归谬法，让强势的他也点头

实践已使许多人懂得，当我们面对强势、恶势的人，或者固执己见的人时，直接反驳其错误会有诸多的不便，而最有效、最巧妙的方法当属归谬说服了。

所谓归谬说服，与直接反驳对方的错误观点大相径庭，而是先假设对方的观点言之有理，然后据此引申出一个连对方也不得不承认其荒谬的结论，从而心甘情愿地放弃原有的错误观点和主张，无条件地接受说服者输出的思想信息。

优孟是楚国艺人，身高八尺，喜欢辩论，常常用诙谐的语言婉转地进行劝谏。

楚庄王有一匹心爱的马，他给马穿上衣服，让它住在华丽的房子里，用挂着帷帐的床给它做卧席，用蜜渍的枣干喂养它。结果马得肥胖病死了。于是，庄王让臣子们给马治丧，要求用棺椁殡殓，按照安葬大夫的礼仪安葬它。群臣纷纷劝阻，认为不能这样做。庄王急了，下令说："有谁敢因葬马的事谏诤的，立即处死。"优孟听到这件事，走进宫门，仰天大哭。庄王吃了一惊，问他为何而哭。优孟说："这马是大王心爱的。堂堂的楚国，只按照大夫的礼仪安葬它，太寒碜了，请用安葬国君的礼仪安葬它吧。"庄王问："怎么葬法？"优孟回答说："我建议用雕花的美玉做棺材，用漂亮的梓木做外椁，用枫、樟各色上等木材做护棺，发动士兵给它挖掘墓穴，让年老体弱的人背土筑坟，请齐国、赵国的代表在前面陪祭，请韩国、魏国的代表在后头守卫，要盖一所庙宇用牛羊猪祭供它，还要拨个万户的大县长年管祭祀之事。我想各国听到这件事，就都知道大王轻视人而重视马了。"庄王说："我的过错竟然到了这个地步吗？现在该怎么办呢？"优孟说："让我替大王用对待六畜的办法来安葬它。堆个土灶做外椁，用口铜锅当棺材，调配好姜枣，再加点木兰，用稻米做祭品，用火光做衣服，把它安葬在人们的肚肠里吧！"庄王当即就派人把死马交给太官，以免天下人张扬这件事。

在说服他人的过程中，抓住对方观点中隐蔽的荒谬点，加以推衍，或由此及彼，或由小到大，或由隐到显，最后得出一个荒谬可笑的结论，从而攻破对方错误的论点。这种说服方法用在对待某些恶人时，会达到一种效果，使其知难而退，从而达到软性说服的目的。

说服可以说是无处不在的。面对朋友、家人、同事，甚至陌生人时，说服都有可能发生。而当我们面对强势或恶势的时候，说服尤为困难。在这两者面前，说服最适宜采用引申归谬的方法。

迎合他人的自尊心，让他乐于改变

心理学家认为，尊重是每一个人的心理需要。不管先天条件如何，财富的多少，地位的高低，任何人都需要得到别人的尊重。因而，要想使他人乐于改变，最重要的就是迎合他人的自尊心。

美国心理学家曾做过一个实验，证明了尊重对人产生的巨大影响。

为了调查研究各种工作条件对生产效率的影响，美国西方电气公司霍桑工厂一个大车间的六名女工被选为实验的被试者。实验持续了一年多。这些女工的工作是装配电话机中的继电器。

第一个时期，让她们在一个一般车间里工作两个星期，测出她们正常生产效率。

第二个时期，把她们安排到一个特殊的测量室工作五个星期。这里除了可以测量每个女工的生产情况外，其他条件都与一般车间相同，即工作条件没有变化。

接着进入第三个时期，改变了女工们工资的计算方法。以前女工的薪水依赖于整个车间工人的生产量，现在只依赖于她们六个人的生产量。

第四个时期，在工作中安排女工上午、下午各一次5分钟的工间休息。

第五个时期，把工间休息延长为10分钟。

第六个时期，建立了六个 5 分钟休息时间制度。

第七个时期，公司为女工提供一顿简单的午餐。

在随后的三个时期每天让女工提前半小时下班。

第十一个时期，建立了每周工作五天的制度。

最后一个时期，原来的一切工作条件又全恢复了，重新回到第一个时期。

老板是想通过这一个实验来寻找一种提高工人们生产效率的生产方式。的确，工作效率会受到工作条件的影响。然而，出乎意料的是，不管条件怎么改变，如增加或减少工间休息，延长或缩短工作日，每一个实验时期的生产效率都比前一个时期的要高。女工们的工作越来越努力，效率越来越高，根本就没关注过生产条件的变化。

这是为什么呢？

之所以会这样，一个重要的原因就是女工们感到自己是特殊人物，受到了尊重，引起了人们极大的关注，因而感到愉快，便遵照老板想要她们做的那样去做。正是因为受到了重视和尊重，所以，她们工作越来越努力，每一次的改变都刺激着她们去提高生产效率。

马斯洛说："尊重需要的满足，能够使人对自己充满信心，对社会满腔热情，体会到自己生活在世界上的用处和价值。"但尊重的需要一旦受到挫折，就会使人产生自卑感、软弱感、无能感，会使人对生活失去基本的信心。

有一个人经常被朋友邀请去演讲，虽然其中一些人因特殊关系很难拒绝，但他都以巧妙的方式回绝了，朋友们最后也并没有因此而感到不满。他是如何做到的呢？他并没有摆出自己如何忙碌的事实，也没有寻找其他托词，而是表达了对邀请方的感激之情和为自己无法满足他们的请求的遗憾，随后他又推荐了另外一个演说家。换句话说，他没有给他人一点儿机会来对他的拒绝感到不满，并且很快让人们对其他有可能接受邀请的演说家给予了关注。

拿破仑当年的做法也如出一辙。他创建了法国荣誉军团勋章，为优秀士兵发放十字勋章，给18位将军授予"法国元帅"的称号，并将自己的军队称为"宏伟之师"。人们批评他在给身经百战的军人颁发"玩具"，拿破仑答道："人类就是被这种玩具统治着的。"

拿破仑使用了授予他人头衔和权威的技巧，即尊重他人，迎合他人的自尊心，这种方法在你身上也能发挥作用。

利用最后时限，让他听从你的指示

柯英是美国著名的谈判专家，在其担任美国某企业的谈判代理期间，曾和日本某企业进行谈判。这次谈判后，柯英对日本的谈判术赞不绝口。那么，日本人使用了怎样的技巧，竟然引得这位鼎鼎有名的谈判专家赞不绝口呢？

当时，柯英与同行的人一到日本羽田机场，就干劲十足地第一个下了飞机。这时，日本企业的谈判代表早已经等在出口处迎接了。日本代表接过柯英的行李，非常有礼貌地领着柯英乘上高级轿车，向着他们早已安排好的高级宾馆驶去。日本企业如此细致入微的款待让柯英非常高兴，也非常感动。在车上闲聊时，日本代表对柯英说："这些都是我们应该做的。您要回去时，我们同样也会替您准备好到机场的车子，但不知您预定的回程班机是哪一天的？"听到对方这样周到的考虑，柯英心中又是一阵感动，非常自然地就从口袋里取出回程机票，将日期给日本代表看。

就这样，日本代表探知到柯英要在两周后回国，也就是说，谈判事宜必须在两周内完成。日本方面，对于顺利探知柯英的最后时限非常高兴。为了让事态能够按自己预期的发展，即让对方按照自己的心意行事，他们总是竭力探知对方的最后时限，而将自己的最后时限视为机密。遗憾的是，柯英完全没有意识到事态的严重性，根本不知道，此时自己已经成了谈判中注定失利的一方。面对对方的如此礼遇优待，他甚至还有些沾沾自喜。

接下来，谈判日程按照日本代表的安排进行着。

在开始的 10 天里，日本代表对于重要的谈判内容只字不提，每天只是招待柯英到日本的名胜古迹去参观游览，让柯英玩得十分尽兴。等到日本代表提到谈判的时候，已经是柯英到日本的第 12 天，也就是说，柯英还有两天就要回国了，而谈判必须在这两天之内完成。可是柯英仍然没有意识到事态的严重性，这天的谈判因为柯英想去打高尔夫球而不得不取消。

第 13 天的谈判又因为日本企业方面以为柯英举行欢送会为借口而在中途就结束了。直到最后一天，谈判总算是正式开始了。然而，正当谈判进行到关键阶段的时候，又到了该去机场的时间了，高级轿车也已在门口等候了。于是，谈判的地点只得从会议室改到了车内。然而，这时，由于时间有限，对于许多重要的问题，柯英根本来不及"斤斤计较"，只要对方的要求不是很离谱，柯英都答应了对方。

毋庸置疑，在没有更多选择的情况下，日本方当然是大获全胜。

一般来说，利用"最后时限"给对方设一个困境，能够点中对方三处心理"死穴"，使他不得不听从你的指示采取行动：

1.如果没有必要的话，人在行动时往往会能拖就拖，而且还会以各种各样的理由来说服自己，让拖延变成理所当然的事情。比如："等条件成熟些，效果会更好。""等资料更翔实些再行动，成功的可能性会更大。"因此，给对方一个清楚明确的最后期限，能够让他清楚地知道立刻行动的必要性和紧迫性，进而迫使他不得不行动起来，因为再晚他可能就没有成功的机会了。

2.生活中，绝大多数人对于自己即将失去，或者被宣告不能得到的东西，往往会更加积极、更加努力地想得到它。给对方设定最后期限，实际上是让对方知道，他再拖延就面临着失去，从而激发出他更大的行动积极性。

不妨提一个更大的要求，更容易取得成功

事例一：

曾经有一家广告公司，故意在一幅油画上画了一个多余的红圈。这幅画是给一个有怪癖脾气的管理人来鉴定的。他一见此画便咆哮起来："干吗画上个红圈！赶紧将它取消！"于是，这位广告商一声不吭地用颜料把那红圈涂掉了，这位鉴定者也无话可说了，情愿出一个较高的价钱将画买下。这个小小的"红圈"便使广告商赢了这位十分难打交道的管理人。

事例二：

美国著名的顾问尼—韦是许多大名鼎鼎的人物常常咨询的对象，他曾经很妥善地帮助他们解决了一个个非常难处理的事件。当时，尼—韦在英国想请著名的阿丝狄夫人给刚在纽约动工的阿

斯托尼亚大饭店举行奠基典礼。"不行，"阿丝狄夫人说，"此事恕我不能遵命，你们之所以需要我，只是让我为你们旅馆做做广告而已。"而尼一韦的话的确使她大吃一惊。"夫人，的确如此。"尼一韦接着说，"然而，你也不会一无所获的，你也可以借此接近广大群众。因为，这个典礼将由广播电视向全国转播。"

后来他又向她保证，他们并不希望她发表什么演说，只是要她到场露一下面就行了，并且反复强调了此举的意义。最后阿丝狄夫人应允下来，答应出席他们的奠基典礼。

从这我们可以看出，尼一韦能使阿丝狄夫人答应的真正原因，在于一开始他就使夫人感到了自己出其不意的让步。接下来尼一韦迎合了阿丝狄夫人的心理去劝说，结果他终于取胜了。

在生活中，我们经常可以见到这样一种现象：一个人提出了一个大要求后再提出一个同类性质的小要求，这个小要求就有可能被人轻易地接受。这一现象与"进门槛"恰好相反，因而人们称其为"反进门槛效应"，也叫留面子艺术。上面两个例子就是很好地运用了留面子艺术。

这一效应在美国心理学家西阿弟尼等人1975年做的实验中得到了印证。他们要求第一组被试者做一件没有工资的工作，即当少年犯的顾问，每星期两个小时，至少做两年。毫无疑问，没有一个人答应这样的要求。当所有人都拒绝时，实验者马上问他们，是否同意做别的事情，只需要很少的时间，即带着少年犯到动物园游玩两个小时；对第二组被试者只提出了较小的要求，要求他们带那些少年犯到动物园游玩；对第三组被试者提出可以在两种要求中间选择一个。结果他们同意的百分率分别为50%、16.7%、25%。

由此可见，运用这种留面子艺术的效果是十分明显的。事实上，这种技巧在小商品市场中司空见惯。那些小摊贩先漫天要价，然后再讨价还价，这时人们便以为他为此让步了，价格比较合理了，因此便接受了他的要求。

"反进门槛效应"的产生与心理反差的错觉作用密不可分。大要求与小要求会引起心理反差。一般来说，要求之间的差距越大，其心理反差也越大，给人的错觉也越大。

实践证明，在社交中运用留面子艺术是很有效的。在人际交往的过程中，我们要适当地运用留面子艺术，以便达到我们使他人顺从、改变他人的目的。但是在运用留面子艺术时，要注意以下几个方面：

首先，我们要学会不露痕迹地使用留面子艺术。在使用时，一定要让对方处在无意识的状态下。

其次，我们要学会合理的让步法。一般来说，让步越大，其效应越大。但是，一旦被人认为这种让步是虚假时，其信任程度就发生了变化。

满足对方成就感，给予他一个头衔

虽然头衔是虚的，不能增加人的经济收益，但却可以在极大程度上满足人的自我成就感。很多人都通过给予对方一个光辉闪耀的头衔来获得对方的鼎力协作。

斯坦梅茨是一个拥有异常敏锐的观察力和无法估计的才能的人。然而，在他就任通用电气公司的行政主管时，他所管理的事务却乱作一团。因此，他被撤销了行政主管一职，而担任顾问兼工程师。那么，怎样才能使这样一个事业上受挫的人投入到工作中，为公司效力呢？

这时，高层管理人员运用了一些奇妙的驭人策略。他们给予了斯坦梅茨一个耀眼的头衔——"科学的最高法院"。一时之间，几乎公司上下的人都知道：有一个叫斯坦梅茨的工程师非常了不起，他被称为"科学的最高法院"。而斯坦梅茨也极力维护这个头衔所带给他的荣誉，他不遗余力地工作着，创造了很多奇迹，为通用电气的发展做出了极大的贡献。

头衔能够让许多人激动不已，能够激发他们的工作热情，当然，还能够让他们忠诚。一个小小的头衔真的拥有这么巨大的魔力吗？

著名心理学家津巴多曾经做了一个这样的实验：

参加实验的志愿者都是男性。津巴多将他们分成两组，一组扮演监狱里的"看守者"，另一组扮演"犯人"。

一天后，几乎所有的参与者都进入了角色。"看守者"变得十分暴躁而粗鲁，甚至主动想出许多方法来体罚"犯人"。有的"犯人"消极的逆来顺受，有的开始积极反抗，有的甚至像个看守者一样去欺辱其他犯人。

人有一种将自身的言行与自己所扮演的角色统一起来的本能，人很难抛开自己所拥有的头衔而做出格的事情。

作为美国劳工协会缔造者的赛谬尔·冈伯斯就是凭借这个策略走向了成功。在刚开始的时候，他所面临的困境除了缺少资金之外，还缺少同盟者。为此，他创立了"民间委任状"，专门对那些愿意组织工会的人授予荣誉称号。采用这种方式，一年之中他就获得了80个人的鼎力支持。从此以后，美国劳工协会的会员数目开始直线攀升。

说服没有主见的人："大家的意见都是这样"

有心理学家曾做过这样一个实验：让五个人围坐着一张桌子，实验者请他们判断线段的长度。每次呈现一组卡片，每组包括两张，一张卡片上有一条垂直线段，称为标准线段；另一张卡片上有三条垂直线段，其中一条与标准线段一样长，另外两条要么长了许多，要么短了许多，要求他们把那条与标准线段等长的线段挑出来。按理论，每个人都可以轻易地做出正确无误的选择。

当两张卡片呈现后，第一组中的每个人依次大声地说出了自己的判断，所有人意见一致，都做出了正确的选择。第二组，大家也都做了正确的一致回答。就在大家觉得实验单调而无意义时，第三组卡片呈现了。第一位被试者在认真地观察这些线段后，却做出了显然是错误的选择，接着第二位、第三位、第四位被试者也做了同样错误的回答。轮到第五位被试者时，他感到很为难，左右看看，因为他的感官清楚地告诉他别人都是错的。最后，他终于小声地说出了与别人相同的错误选择。

其实，这个实验是事先安排好的，前四名被试者都是实验者的助手，他们按照事先安排好的程序进行正确或错误的选择，而只有第五位被试者不知道这一情况，是真正的被试。参加实验的真被试者是具有良好视力及敏锐思维能力的大学生，并且从表面上看，他们可以任意地做出想做的反应，而实质上，也明确要求他们做出他们自己认为是正确的反应。但是，当绝大多数人都做出同样的反应时，个人就有强烈的动机去赞同群体其他成员的意见，因此有35%的被试者拒绝了自己感官得来的证据，而做出了同大多数人一样错误的选择，这就是心理学上所说的从众行为。

实验中的现象说明，当个人的感觉与群体中的大多数人不一致时，个体为了使自己不被人认为"标新立异"，常常会放弃自己的看法而接受大多数人的判断。所以当我们在说服别人遇到困难的时候不妨说一句"大家的意见都是这样的"，那么这个人可能就会改变自己的看法而接受你的建议。

我们来分析一下，为什么个人会抛弃自己的观点而接受别人的说服呢？一般认为从众行为的原因来源于两种压力：一种压力为群体规范的压力，任何与群体规范相违背的行为都会受到群体的排斥。个体由于惧怕受到惩罚，或者为了表明自己归属于群体的愿望，就会做出从众行为。

另一种压力是群体信息的压力。我们知道，他人常常是信息的重要来源，我们通过别人获得许多有关外部世界的信息，甚至许多有关我们自己的信息也是通过别人获得的。

在一般情况下，那些我们认为能带给我们最正确信息的人，往往是我们仿效和相信的人。这种信息压力引起的从众行为无论在实验中还是在生活中都是存在的，人们倾向于相信多数，认为多数人是信息的正确来源而怀疑自己的判断，因为人们觉得多数人正确的情况比较多。在模棱两可的情况下，从众的行为更容易发生。因为在这种情况下，人们很容易失去判断自己行为的自信心。

"长他人志气，灭自己威风"更能有效说服

在说服他人的过程中，有些说服者虽然思路敏捷，但一说话就令人感到狂妄，因此对方很难接受他的观点或建议。这种人多

数都是因为喜欢表现自己，总想让别人知道自己很有能力，处处想显示自己的优越感，获得别人的敬佩和认可，结果往往适得其反，失掉了在说服对象面前的威信。

在人际交往过程中，那些谦让而豁达的人总能赢得更多人的赞同，相反，那些妄自尊大、高看自己、小看别人的人总会引起别人的反感，最终难以说服他人做任何事情。

法国哲学家罗西法古曾说过："如果你要得到仇人，就表现得比你的朋友优越吧；如果你要得到朋友，就要让你的朋友表现得比你优越。"《史记》："良贾深藏若虚，君子盛德，容貌若愚。"意思是说商人总是隐藏其宝物，君子品德高尚，而外貌却显得愚笨。这句话告诉我们，必要时要藏其锋芒，收其锐气，不可不分青红皂白将自己的才能让人一览无余。你的长处被说服对象看透了，就容易被他们利用。

另外，谦虚谨慎更能得到对方的信任。因为谦虚，你会赢得对方的尊重，这样你就更有可能说服他。

高先生是某地区人事局调配科的一位相当出色的骨干，按说做人事调配工作是容易得罪人的，可他是个例外。

他刚到人事局的那段日子里，在同事中几乎连一个朋友都没有。因为他正春风得意，对自己的机遇和才能非常满意，因此每天都使劲吹嘘自己在工作中的成绩：每天有多少人找他帮忙。但同事们听了之后，不仅没有分享他的"成就"，还都极不高兴，这让他很是纳闷。最后，还是父亲一语点破，才使他意识到自己人缘不好的症结在哪里。

从此以后，他很少谈自己，而是尽可能多地听同事说话。后来，每当同事闲聊的时候，他总是先让对方滔滔不绝地把他们的成就说出来，与其分享。只有对方问他的时候，才谦虚地说一下自己的成就。从那以后，他的人缘变好了，大家都乐于和他相处。

每个人都希望能得到别人的肯定评价，都在不自觉中强烈维护着自己的形象和尊严。如果谈话者过分地显示出高人一等的优越感，那么听者就会认为是对他自尊和自信的一种挑战与轻视，排斥心理也就随即产生了。

所以，在说服他人的过程中，我们一定要忽略自己，以此让对方从心理上感到一种满足，使他愿意听取你的建议。当你表现出大智若愚，使对方陶醉在自我感觉良好的气氛当中时，你就已经受益匪浅了，差不多已经完成了说服工作中最重要的环节。

以众敌寡，逐渐将其同化

美国人詹姆斯·瑟伯曾写过这么一段文字：

突然，一个人跑了起来。也许是他猛然想起了与情人的约会，现在已经过时很久了。不管他想些什么吧，反正他在大街上跑了起来，向东跑去。另一个人也跑了起来，这可能是个兴致勃勃的报童。第三个人，一个有急事的胖胖的绅士，也小跑起来。十分钟之内，这条大街上所有的人都跑了起来。嘈杂的声音逐渐清晰了，可以听清"大堤"这个词。"决堤了！"

这充满恐怖的声音，可能是电车上一位老妇人喊的，或许是一个交警说的，也可能是一个男孩子说的。没有人知道是谁说的，也没有人知道真正发生了什么事。但是两千多人都突然奔逃起来。"向东！"人群喊叫了起来。东边远离大河，东边安全。"向东去！向东去！"人们都喊着。上文所描述的其实是人们的

"从众心理"。在日常生活中，人们的很多行为也都受从众心理的影响。例如，在超市的特价商品区，一大群家庭主妇争先恐后地抢购一些她们未必需要而价格也未必实惠的商品。

这些就是"从众行为"，通俗地说就是"人云亦云""随大溜"。大家都这么认为，我也就这么认为；大家都这么做，我也就跟着这么做。

从专业角度讲，从众心理指个人因受到外界人群行为的影响，在知觉、判断、认识上表现出符合于公众舆论或多数人的行为方式。经很多实验研究表明，这一心理现象是大部分个体普遍所有的，只有极少数的人能够保持自己的独立性。

为什么会产生从众行为呢？这是因为，群体成员如果发现自己的行为和意见与群体不一致，或与群体中大多数人有分歧时，就会感到有压力，这种压力促使他趋向于与群体保持一致。也只有与众人保持一致，才会有"没有错"的安全感。即使错了，也会因为"大家都这样"而感到安慰。

利用从众心理可以帮助我们集聚众人、增加人气，也可在绝大多数人的意见一致时，对个别人起协调作用，使之与集体保持一致，可概括为：以众敌寡、逐渐同化。例如，与其用说教的方法强迫孩子读书，不如让他和喜欢读书的孩子在一起。虽然刚开始时，他会觉得别扭，不大合群，但久而久之就会被同化，变得喜欢读书。再如，如果想让那些不喜欢发言的职工在会议中开口说话，就可以让一些"引导人"先发言，从众心理会使那些不爱发言的人也不由得采取了"同调行动"，踊跃发言。

总之，在现实生活中，少数服从多数的原则会对人们形成很大影响，给少数派的人造成很大的压力，使其心理立场发生动摇，最终放弃自己的主张而被别人同化。有时，我们为了获得这样的效果，则需要制造一种以众敌寡的压倒式局面和氛围，使对方就范。

要劝服一个人遵从自己的意见，可以采取以众敌寡、逐渐同化的方法。一个人唇焦舌干地苦苦相劝，可能并不能达到说服的效果，而让多个人轮流去劝说，就会给对方造成压力，使其被同化。

第十章
如何应对棘手的交谈

站在对方的角度说话

每个人都希望在社交中从容不迫，洒脱大度，但是在现实生活中我们经常会遇到一些尴尬场面，自己感到不舒服，别人也不自在，结果气氛凝滞。

造成尴尬局面的原因有很多：时间、场合不适合，交往对象不熟悉。当发现尴尬情况出现时，就该想法将其化解掉，但很多人都会说"说得容易做着难"。

遇到尴尬的境况之所以难以解决，是因为每个人都固执己见，各有各的想法。越坚持自己的想法，就越不容易解决问题。试试站在对方的角度说话，没准会很轻松地解决问题。

有一天，美国哲学家、诗人爱默生同他的儿子一起想把一匹小牛赶进牛栏。但他们犯了一个错误，他们只想到自己的想法，爱默生在后面推小牛，他的儿子在前面拽小牛。但小牛也有自己的想法，它把两只前蹄撑在地上，执拗着不照他们父子的想法行动。他们家的爱尔兰籍女佣见到这种情景，不由得笑着来帮助他们。她刚才在厨房干活，手指头上有盐的味道，于是她像母牛喂奶似的，把有咸味的手指伸进小牛的嘴里，让它吮着走进了牛栏。

动物尚且有自己的想法，更何况人呢？不了解对方的意愿，光想自己认为怎么样就该怎么样，难免会导致谈话的失败。

你如果要劝说一个人做某件事，在开口之前，最好先问问自己："我怎么样才能使他愿意去做这件事呢？"

在这方面，人际关系大师卡耐基堪称高手。

卡耐基每季都要在纽约的某家大旅馆租用大礼堂20个晚上，用以讲授社交训练课程。

有一个季度，卡耐基刚开始授课时，忽然接到通知，房主要他付比原来多3倍的租金。而得到这个消息之前，入场券已经印好，而且早已发出去了，其他准备开课的事宜也都已办妥。

很自然，卡耐基要去交涉。怎样才能交涉成功呢？两天以后，卡耐基去找经理。

"我接到你们的通知时，有点震惊。"卡耐基说，"不过这不怪你。假如我处在你的位置，或许也会写出同样的通知。你是这家旅馆的经理，你的责任是让旅馆尽可能地多盈利。你不这么做的话，你的经理职位难以保住，也不应该保得住。假如你坚持要增加租金，那么让我们来分析一下，这样对你有利还是不利。"

"先讲有利的一面。"卡耐基说，"大礼堂不出租给讲课的而是出租给举办舞会、晚会的，那你可以获大利了。因为举行这一类活动的时间不长，他们能一次付出很高的租金，比我这租金当然要多得多。租给我，显然你吃大亏了。

"现在，来考虑一下不利的一面。首先，你增加我的租金，却是降低了收入。因为实际上等于你把我撵跑了。由于我付不起你所要的租金，我势必再找别的地方举办训练班。

"还有一件对你不利的事实。这个训练班将吸引成千上万的有文化、受过教育的中上层管理人员到你的旅馆来听课，对你来说，这难道不是起了不花钱的活广告作用了吗？事实上，假如你花5000元钱在报纸上登广告，你也不可能邀请到这么多人亲自到你的旅馆来参观。可我的训练班给你邀请来了，这难道不合算吗？"

讲完后，卡耐基告辞了："请仔细考虑后再答复我。"当然，最后经理让步了。

在卡耐基获得成功的过程中，没有谈到一句关于他要什么的话，他是站在对方的角度想问题的。

不妨想想另一种情形，如果卡耐基气势汹汹地跑进经理办公室，提高嗓门叫道："你这是什么意思？你知道我把入场券印好了，而且都已发出，开课的准备也已全部就绪，你却付比原来多3倍的租金，你不是存心整人吗？

想想，那该又是怎样的局面呢？你会想象得到争吵的必然结果：即使卡耐基能够辩得过旅馆经理，对方的自尊心也很难使他认错而收回原意。

掉转话头而言其他

在语言交流中，我们经常会遇到一些令人尴尬的问话，比如涉及个人收入、个人生活、人际关系等问题。对待这样一些提问，如果我们用"不能告诉你"来回答，那会使你显得粗俗无礼，如果用"无可奉告"来作答，那又会给提问者造成心理上的失望与不快。

总之，对待这样一些古怪的问题，我们答得不好，就有可能自己给自己套上难解的绳索，使自己陷入十分难堪的泥淖，不能自拔以致大失脸面。

如处于这样的尴尬场合时，就需要具备"顾左右而言他"的语言艺术，从而能使你面对尴尬而峰回路转，取得柳暗花明的效果。

最简单、最直接的做法就是转换话题，比如：

两个青年去拜访老师，在谈话中提到："老师，听说您的夫人是教英语的，我们想请她指教，行吗？"

老师为难地沉默了片刻，说："那是我以前的爱人，前不久分手了。"

"哦？对不起，老师……"

"没什么，喝点水吧。"

"老师，您的书什么时候出版？快了吧？……"

这样转换话题，特别是提出对方很愿意谈的话题，就会使谈话很快恢复正常，气氛活跃起来。

在说话过程中，当对方有意无意地触到我们心中的隐痛、忌讳或者自己不愿回答的问题时，如果一时没有好办法应答，那么，就干脆使在场者的注意力从自己身上挪开。问话者见我方对其问题不予理睬，在尴尬的同时会很快意识到自己的鲁莽和无礼，从而不再追问。

某单位一女工要结婚，在单位发喜糖，刚巧该单位有一位尚未谈对象的 33 岁的大龄女青年。大家吃着糖，突然一位中年科员笑着对那位女青年说："喂，什么时候吃你的喜糖？"大家都望着那位女青年。那位女青年脸微微一红，把脸转向邻近的一位女同事，然后指着那位女同事身上的一件款式新颖的上衣问："咦？这件上衣什么时候买的？在哪个商店买的？"两个人便兴致勃勃地谈起了那件衣服。

在大庭广众之下问大龄女子何时结婚确实是件很不礼貌的事情。女青年碰到这个尖锐的问题时处境十分尴尬，回答不好可能会引起大家的闲话，再说这事也没必要让大家来参与。于是她立刻把话题转移到同事的衣服上，借以回避对方的无聊问题。问者受到毫不掩饰的冷落，自然也认识到自己的失礼，没有理由责怪女青年对自己的置之不理。

这种转移话题的方法固然可以达到摆脱窘境的目的，但是它又未免太过生硬，效果并不是非常好，有的人使用更为婉转的方式来"言其他"，会显得更漂亮、干脆。这种方法就是岔换法。

岔换法是针对对方的话题而岔换新的话题，字面上看是回答了对方的问题，而实质意义却是不相干的两个问题。它给人的感觉通常是干脆利落，能显示出一种较为强硬的表达气息。

话题调头言其他，经常会被用于解窘，但是我们应该尽量圆融地去利用这一方法，使它更加不着痕迹地化解尴尬。

维护当事人的自尊心

一般来说，人们对于自尊心往往存有不容侵犯的保护意识，如果你能顾及他人的自尊心，处处为其着想，那么解决起问题来就容易得多了。

同样，在调解纠纷时，不对矛盾的双方进行批评指责，相反，分别赞美争执的双方，肯定他们各自的价值，使他们感到再争执下去只会损害自己的形象，因而自觉放弃争吵。

星期天，小陈一家包饺子，婆婆擀饺子皮，小陈夫妻俩包。不一会儿，小陈的儿子从外面跑进来："我也要包。"

婆婆说："大刚乖，去洗了手再来。"

大刚没挪窝，在一旁蹭来蹭去。妻子叫："蹭什么！还不去洗手，看弄得一身面粉，我看你今天要挨揍。"

"哇……"5岁的大刚竟哭起来。

"孩子还小，懂什么？这么凶，别吓着他！"婆婆心疼孙子了。

"都5岁了还不懂事，管孩子自有我的道理。护着他是害他！"

"谁护着他了，5岁的孩子能懂个啥，不能好好说吗？动不动就吓他！"

小陈一看，自己再不发话，"火"有越烧越旺之势，便说："再说，今天这饺子可就要咸了哟！平日里，街邻、朋友都说我有福气，羡慕我有一个热情好客、通情达理的母亲，夸我有一位事业心强、心直口快的妻子，看你们这样，别人会笑话的，都是为孩子好。大刚，还不快去让奶奶帮你洗洗手，叫奶奶不要生气了。"又转向妻子："你看你，标准的'美女形象'，嘴噘得都能挂10只桶了。生气可不利于美容呀！"妻子被他逗乐了。那边，母亲正在给孩子擦着身上的面粉，显然气也消了。

大部分成功的人都由经验中证实，要维护他人的自尊心，绝非一两次的表态可以奏效，它是由许多次日常接触所形成的一种过程。

弗雷德·薛佛在纽约人寿保险公司工作，在保险业中，日常关系是最重要的。因为在保险业里，业务人员就等于是公司本身。业务员如果业绩不佳，公司就会无立足之地。

多年前薛佛曾任职于一家国际保险公司——麦卡比公司。当公司迁入一座新大楼后，跟以前不同的是这大楼中还有几家其他的公司。薛佛希望在搬迁之后，原来所维持的重要的个人关系并不因迁移而招致疏忽。所以，他到新大楼上班的第一天，第一件事就是走到安全人员台前。

薛佛回忆当时的情景："当时有十来位安全人员，我请他们都围拢来，结果发现他们除了知道我们公司的名称之外，其他一概不知，连我们从事保险业都并不清楚。于是我对他们说：'各位！我们在底特律市有几位很重要的业务代表，如果你们发现来的人是业务代表，我们一定要欢迎，我是说尽量让他觉得备受重视，如此便得劳驾你们亲自送他上7楼找到他所要会见的人，也请你们一定要配合帮忙'。后来我听到一些业务代表谈起他们来到这栋大楼所受到的礼遇，让他们感到很高兴。"

员工只要相信公司关心他们、并了解他们的需要、维护他们的自尊，就会以努力工作、达成公司目标作为回应。

每一个人都是有自尊心的，如果你对他所说的话能够表示同意，这就是尊重他的意见，自然他对你是十分高兴的，他也愿意和你做朋友。反过来，你不能对他表示同意，显然你是站在和他敌对的地方，你是他的敌人而不是友人，他能不和你为难吗？所以在说话的时候，这一点我们是应该要加以注意的。

总之，顾及他人的心态及立场，尊重他人的自尊心，是调解纠纷的必备武器，更是相当重要的为人之道，也是让他人交出信任的不可或缺的要素之一。因此，你要促使别人与你合作，你要说服他人，就必须遵循说服的这一要诀：维护他人的自尊心。

淡化争端本身的严重程度

淡化争端本身的严重程度，使一方或双方看淡争端，从而缓和情绪，平息风波。

某厂一对新婚不久的夫妻因家庭小事闹矛盾，女方一气之下跑到娘家哭诉告状，说男方欺负她，哥哥听罢心想：我妹妹结婚不久就遭妹夫欺负，日后还有好日子过？于是气愤地扬言要去教训妹夫。这时，父亲充当起"和事佬"来首先对儿子说："教训他？别冲动！教训他就能解决问题吗？再说，他家又不在厂里，一个人孤立无援的，你去教训他，旁人岂不要说闲话？好了，你妹妹自己家里的小事，用不着你操心，还有我和你妈呢。你多管些自己的事去吧。"

待儿子息怒离开后，父亲又劝慰女儿说："别哭了，又不是什么大不了的事。都结婚出嫁了，还耍小孩子脾气，多羞人。小夫妻哪有不吵架的？我当初和你妈就常吵闹呢。不过，夫妻吵架不记仇，夫妻吵架不过夜。你不要想得太多，日后凡事要大度些，不要像在娘家那样娇气任性。好，快点回你们小家去，不要让他到这里来找你回去，他是个不错的小伙子。家丑不可外扬，以后丁点儿小矛盾不要动不动就往娘家跑！"

女儿点头止哭，像没事一样，回她的小家去了。

夫妻吵架本是稀松平常的事，而当事人本身却认为事情很严重。因此，父亲在劝慰女儿的过程中，始终强调夫妻闹别扭只是"丁点儿"小事情，促使女儿把争端看得淡一点儿。女儿在冷静思考之后，认同了父亲的看法，思想疏通了，气也自然消了。

调解纠纷的"三宝"

在日常生活中，人与人之间有时难免会因为这样那样的原因引起争吵或纠纷，产生交往上的障碍，对于始料不及的纠纷，如果得不到及时解决，化干戈为玉帛的话，往往会使双方积怨加深，妨碍彼此间的正常关系。这时就需要纠纷外的第三者去调解，使其关系融洽。

比如说，你与一个朋友之间产生了一定的隔阂，但又不想与之断交，这就不妨请个第三者从中说和。第三者的任务是将双方的歉意及想保持交往的愿望准确真实地进行传递。

小孩子们中常常出现这种事情："小燕，珍珍愿意和你好了，你呢？""我也愿意。""珍珍，小燕愿意和你好，大家拉拉手吧！"这是最简单的第三者消除隔阂的办法。成年人的世界里，这种方法用得很常见，但复杂得多。

人间需要"和事佬"。有机会充当这样的角色，是很有意义的。有时候，双方陷入僵局，相持不下，顾及脸面，谁也不愿做个低姿态，给对方一个台阶。这时"和事佬"就大有用武之地了。"和事佬"最高超的功夫，就是"打圆场"。

所谓"打圆场"，是指交际双方处于争吵或尴尬处境时，由"和事佬"出面站在第三者角度进行调解。"打圆场"运用得好，可以活跃气氛，联络感情，消除误会，缓和矛盾，平息事端，还有利于应付尴尬，打破僵局，解决问题。

那么，如何才能达到顺利调解纠纷的目的，让"打圆场"打得成功呢？

1. 先表"赞同"，后诉歧异

调解员在进行调解时，由于其特定的身份，往往使调解对象持有紧张情绪，乃至对立的态度。要使自己的意见易于被调解对象接受，不妨适当采用"赞同"的方法，即强调谈话双方在某一方面的"一致性"的方法，如强调共同愿望，肯定对方某一点意见的正确，等等。

这种寻找"一致性"的方法，有助于打消调解对象的对立心理，平定激动情绪，从而理智地、心平气和地接受正确意见。这种找共鸣点，先赞同长处，后驳斥短处的调解语言，即使调解对象的委屈、愤怒心理得到了平衡，又使其顺其自然地接受了自己的意见，达到事半功倍之效。

2.言辞恳切，合法合情

既然是调解，那么调解的矛盾均属于没有什么严重冲突的人民内部矛盾，应以和平解决为最佳途径，这就要求调解语言既符合法律规范，又要符合调解对象的特定心理。有时调解语言虽然合理、合法，却不合"情"。可见，调解语言不可生搬硬套，必须根据调解对象的不同的心理特点，选用不同的调解语言。

3.因人而语，忠言不逆

世人常说："良药苦口利于病，忠言逆耳利于行"，但随着科学技术的迅速发展，良药也裹上了糖衣，变得可口了。既然良药未必苦口，那么忠言也未必逆耳，这就取决于说话的方式方法的优劣了。调解人员要抓住调解对象爱面子的心理，从维护双方名誉出发，晓之以理，动之以情，使忠言的表达深刻得体，忠言也变得顺耳利行了。

打圆场要让双方都满意

在别人发生矛盾、争论的时候，夹在中间的滋味是比较尴尬的。作为争论的局外人，我们应当善于打圆场，让矛盾得到及时化解。但是在打圆场的时候，一定要注意一个问题，就是要不偏不倚，让双方都认为你没有偏向。否则，只能是火上浇油，还不如不说。

当双方为某件小事争论不休，各说一套，互不相让，纠缠不休时，"和事佬"无论对哪一方进行褒贬过分的表态，都犹如火上浇油，甚至会引火烧身，不利于争端的平息。

如果属非原则性的争论，双方各执己见，而这场争论又没有必要再继续下去，那么作为"和事佬"又如何"打圆场"呢？如果力陈己见，理论一番，恐怕不会有效。

假如争论的问题有较大的异议而双方又都有偏颇，眼看观点越来越接近，但由于自尊心，双方又都不肯服输，这样，就把争论引导到理论的探讨、观点的统一上来了。但不能"各打五十大板"。因为，所谓"各打五十大板"是不分青红皂白、是非曲直的，那样乱批一气不利于解决问题，不可取。

适当地褒一方、贬一方

不对争执双方做人格上的评价，而强调双方在性格、能力等方面的差异性，在客观上起到褒贬的效果，从而化解争执。人们在吵架的时候，经常为了谁对谁错，谁好谁坏而争执不休，直接的褒贬至少会引起一方的不满，甚至伤害其自尊心。因此，劝架者在对一方进行劝解时应该避重就轻，不对双方道德上的孰优孰劣做出判断，而是强调二者在个性、能力上的差异，适当地"褒一方，贬一方"可使被褒的一方心里得到满足并放弃争执，而又不伤害被贬的一方，使劝解成功。

小陈和小杨是某学校新来的年轻教师，小陈心细，考虑事情周到，小杨有些鲁莽，但业务能力较强。一次，两个年轻人发生了争执，小陈说不过小杨，感觉很委屈，跑到校长处诉苦。校长拍拍小陈肩膀说："小陈啊，你脾气好，办事周到，这个大家都清楚，也都很欣赏，可是小杨天生是个躁性子，牛脾气一上来什么都忘了，等脾气过去了就天下太平了。你是一个细心人，懂得从团结同事、搞好工作的角度看待问题,你怎么能跟他那暴性子一般见识呢?"一番话说得小陈脸红了起来。

这是一个强调双方差异来解决纠纷的典型例子。校长没有直接批评小杨,而是反复强调小陈脾气好,小杨性格暴躁,这实际上是通过比较两人截然不同的性格来肯定小陈待人办事的方法是正确的,小陈领悟到校长的意思,自然也不会再跟小杨计较。

此外,在褒一方、贬一方时,作为调解纠纷的第三人应记住以下几点,以免褒贬不当而引起当事人的反感,让事情变得更糟。

1. 忌激化矛盾

很多调解纠纷的第三者在用"褒一方、贬一方"的方法时,由于方法不当而加剧矛盾,这主要是因为:

第一是强化了当事人本来就不该有的消极情绪,从而火上浇油,扩大了事态。

第二是"惹火烧身"。因方法不当,激怒了当事人,使当事人把全部的不满和怨恨情绪都转移到了你身上,你成了他的对立面和"出气筒"。

2. 忌急于求成

人们常说,善弈棋者,每每举一而反三。做别人的思想工作也好比下棋,也要珍视这"三步棋"的做法,要耐心细致,再三斟酌。如果条件不具备就急于求成,不瞻前顾后,总想一劳永逸,其结果往往是事倍功半,"成"效甚微,甚至把矛盾激化。

3. 忌官腔官调

要克服官腔官调,最主要的是应该增强普通人的意识,以普通人的姿态出现在人们面前。

还必须注意坚持实事求是的态度,慎用套话,加强语言表达能力的培养。

4. 忌空洞说教

要避免空洞说教，尤其要从道理上使人信服；思想观点要明确；语言要朴实新颖。三个方面都要下功夫。

5. 忌反常批评

必须克服以下几种不正确的批评方式：

批而不评式；阿谀奉承式；隔靴搔痒式；褒贬对半式。

以上几种不正确的批评方式，均属于调解纠纷的"败笔"。要想使调解达到转变对方态度、修正对方错误的目的，就应该正确运用批评的武器，切忌简单化和庸俗化。

6. 忌不分场合

如果不分场合，信口开河，不管人前人后，指名道姓地对人说服，效果往往不佳；搞不好还会出现与当事人的良好动机截然相反的结果。

陷入不利境地时如何说话

在人与人之间的交往过程中，经常会碰到一些麻烦，常常会发生由于言语或行动等方面的因素而使自己处于不利境地的状况。在这种情况下，如果能采用某种方式而扭转状况，那自己就可以得以解脱。在这时就得动用自己的智慧。下面几种方法和技巧将会对你大有裨益。

1. 巧妙区分

对于有些涉及权威者的情况，为了给对方留一个面子，同时恰当地维护自己的尊严，就要巧妙区分，从不同的角度来解决。

南朝齐代有位书法家叫王僧虔，写得一手绝好的隶书，但是当朝皇上齐高帝萧道成也是一个翰墨高手，他要和王僧虔比个高低，两人都写了一幅字。

高帝问王僧虔："谁为第一？"

若一般臣子，当然会立即奉承皇上说："臣不如也。"但王僧虔却是一副刚强不屈模样，明明自己的书法高于皇帝，为什么要做违心的回答呢？这位才思敏捷的书法家竟说出一句千古流传的绝妙答词：

"臣书，臣中第一；陛下书，帝中第一。"

他巧妙地把臣与帝的书法比赛分为"臣组"与"帝组"加以评比，这样既满足了高帝的"冠军欲"，又维护了自己的荣誉和品格。皇上听了，也只能哈哈一笑而已。

王僧虔在这里就巧妙地运用了"巧妙区分"这种手法，使得其回答委婉圆转，皇上也无话可说。

2. 巧设"陷阱"

巧设"陷阱"就是针对对方的心理，提出某种合理的愿望或要求，求得对方的承诺。当对方进入"陷阱"后亮明真相，对方也无法反悔，这一招通常是非常见效的。

在波斯和阿拉伯发生战争期间，波斯帝国的太子被阿拉伯帝国的倭马亚王俘虏，倭马亚王下令要将他斩首。

昔日英姿飒爽、威武不凡的太子成了阶下囚，早已没有了什么威风。他请求倭马亚王说："主宰一切的陛下，我现在口渴难当，您当以仁慈之心，让您的俘虏喝足了水再处斩也不迟啊！"

倭马亚王答应了他的要求，让侍卫端给他一碗水。

太子接过这碗水，却不敢喝下去，颤颤巍巍地说："陛下，我担心我正在喝这碗水时，会有人举刀杀死我。"

倭马亚王说："放心吧，不会这样的。"于是太子请求倭马亚王保证。

倭马亚王庄重地说："我以真主的名义发誓，在你喝下这碗水之前，没有人敢伤害你。"

太子一听，立即将那碗水泼到地上。倭马亚王大怒，但身为国王，他已发下誓言，不会在太子喝下这碗水之前伤害他。现在，水已被太子泼到地上，太子再也喝不到这碗水了，倭马亚王也就永远不能伤害太子了。

倭马亚王知道上了太子的当，但也没法，只得放了太子。

太子在这里利用倭马亚王的同情心救了自己的性命。他巧设"陷阱"，引得倭马亚王一步步上当，最后终于获得了成功。

3. 巧用典故

中国历史上有许多流传至今的典故，其内容涉及方方面面。如果能根据一定的场景，适当地选用典故，就会有更大的说服力，往往能帮助你摆脱不利境况。

受到诋毁时如何说话

人生在世，免不了遇到说三道四、传播闲言碎语的人。他们喜欢议论谁是谁非。这类人中有的是有目的地中伤他人，有的是为了操纵他人，捞取好处。

首先，尽力找出这些闲话后面隐藏的动机，然后鼓励那些散布闲话者更加直率和公正地表达自己的意见和想法，让他们面对面地向你道出自己的不满。这样做，你有时可以打碎遮挡于你们之间的屏风，判断出问题的真正所在，然后澄清事实，及时将矛盾予以解决。

正面消除闲言碎语，这对你十分重要，如果越任其滋生蔓延，越会对你不利。其他人也会觉得你无法处理这一问题，谣言传播得太久，也会被他人误以为是事实。因此，你可以与散布谣言者正面交锋面谈，与其单独谈谈这一问题。你可以问问他：

"我所听到的话都是你真心想说的吗？"

"我猜测你不同意我的观点，对吗？"

"我们能谈谈你的想法吗？"

如果你表现得十分真诚而直率，并且那些谣言传播者根本上并无恶意，而只是一种误解或者迷惑，他们很有可能会当场败下阵来，向你表示歉意，并制止和收回自己的谣言。

当众人向你散布谣言时，制止谣言的另一战略是让其中的一些人站在你的一边，然后再去影响和改变另外一些人，让谣言不攻自破、逐渐消失。

发生冲突时切忌失去理智

人与人之间难免因某种原因产生摩擦，这时，如果把话说得过重，就会使矛盾激化，相反，如果压制自己的情绪，则会让事情平息下来。

日本一位得过直木奖的作家藤本义一先生，是位颇为知名的人。

一次，他的女儿超过了晚上时限10点钟，于12点方才带醉而归，开门的藤本夫人自是破口训斥了一顿，之后还说："总而言之，你还是得向父亲道个歉。"

顿时，她也清醒了不少，感到似乎大难就要临头了，于是便怯怯地走向父亲的卧房，面色凝重的父亲，留下了无言的女儿独自在黑暗中。

晚归之事，自此便不再发生。

为人父母者都有责备孩子的经验，多半也了解孩子可能有的反抗心，所以要他们反省是相当困难的。通常会以一句："你是怎么搞的，我已经说过多少次！"想让他们了解并且反省，此时他们若有反抗的举止，父母又会加一句："你这是什么态度？"然后说教更是没完。

如此愈是责骂，反抗心便愈是高涨，愈是希望他们反省，愈得不到效果，于是情况就会变得更糟，但藤本先生的这种做法，使他女儿的反抗心根本无从发泄，反而转变为反省的心。

因藤本夫人的一顿训斥，已足够引起女儿的反抗，但藤本先生却巧妙地将它压抑住，反而使女儿的内心感到十分歉疚。

压制自己的情绪，在遇到愤怒的事情时，切勿失去理智，口不择言。通常有些"过头话"是在感情激动时脱口而出的：人们为了战胜对手，往往夸大其词，着意渲染，"攻其一点，不及其余"，甚至使用污言秽语。如夫妻吵架时，丈夫在火头上说："我一辈子也不想见到你！"这话显然是气话、"过头话"，是感情冲动状态下的过激之言。事过之后，冷静下来，又会追悔莫及。钢刀砍在石头上，肯定会溅起火星，如果钢刀砍在棉花上，则软而无力，对方一定不会再强硬下去。

打破僵局的几种技巧

初次与人交谈，往往因为不熟悉、不了解而出现冷场，这是比较令人难堪的局面。在人际关系中，冷场无疑是一种"冰块"。打破冷场的技巧，就是及时融化"冰块"，消除交往的障碍。

陌生人之间存在以下几种情况时，最容易因"话不投机"而出现冷场。

（1）彼此不大熟悉；

（2）年龄、职业、身份、地位差异大；

（3）心境差异大；

（4）兴趣、爱好差异大；

（5）性格、素质差异大；

（6）平时意见不合，感情不和；

（7）互相之间有利害冲突；

（8）异性相处，尤其单独相处时；

（9）因长期不交往而比较疏远；

（10）性格均为内向者。

对于可能出现的冷场，应该具备一定的预见性，并采取措施加以预防，否则陷入冷场的谈话会令双方都很尴尬。

下面几种方法可供借鉴：

1. 针对对方的兴趣谈

老人最感兴趣的话题是关于他们自己年轻时候的经历；青年人关注怎样才能使自己的才能得以发挥，以及他们的工作、学习、业余生活；年轻妈妈最感兴趣的莫过于她们的孩子。

2. 故意抛出错误观点

有时装作不懂的样子，往往可以听取他人更多的意见，让他人得以满足。反之，如果你表现得太聪明，人家即使要讲，也有顾忌，怕比不上你。如果我们用"请教"的语气说话，就会引出对方的滔滔话语。喜欢教人，而不喜欢受教于人，这是种普遍心理。

3. 打破自己造成的沉默

如果是自己太清高、架子大，使人敬而远之，而使双方保持沉默，在交谈中应该主动些、客气些、随和些。

如果是自己太自负，盛气凌人，使对方反感，而双方保持沉默，则要注意谦虚，多想想自己的弱点，适当褒扬对方的优点。

如果是自己口若悬河，讲起话来漫无边际，无休无止，而导致了对方的沉默，则要注意使自己的讲话适可而止，给对方说话的机会，不要让人觉得你在进行单方面的"传教"。

4. 鼓励对方讲话

为了鼓励对方讲话，你可以经常变换使用一些表示赞同的词语，让对方把话讲完，把心中的想法倾吐出来。当对方受到鼓励并获得赞同意见时，他会感到自己受到了重视。创造一种信任的气氛，这种气氛有助于对方主动说话。

5. 消除隔阂和陌生

如果你和对方过去曾发生过摩擦或存在隔阂，造成了现在见面无话可谈的情形，那么你就应该放宽心胸，把过去的隔阂抛在脑后，仿佛什么也没发生过似的。你的宽容和热情难道打动不了他吗？

如果因为彼此不了解，不知谈什么得体，那么你就应该主动做自我介绍，并把话题扩展到尽可能广泛的领域，从中发现双方共同感兴趣的内容。

如果你们刚刚发生了争论而出现了沉默，那么，你就应该冷静下来，心平气和地谈些双方无分歧的话题。

出现冷场，跟你选择的"话题"密切相关。打破冷场当然没有固定的模式，交谈者应根据具体的时间、地点和对方的心理特点，以及造成冷场的原因，而采取不同的方法和对策。

不想借给别人钱时怎么说

在人际交往中，借钱本来就是个十分敏感的话题，尤其当好朋友向自己借钱时，那个"不"字就更难说出口了。这时，你可以借鉴下面的几个方法，让借钱之人知难而退。

1. 义正词严，揭穿老底

小王的一个很久不曾联系的高中同学跑来向他"借"钱，声称等存款到期了就立刻还钱。

小王听后哑然失笑，当即毫不留情地说："你别坑我了，我听说你现在到处借钱，两年前你向我们的同学辉子借的2000元，到今天还没还，哪可能还有什么存款来还我呀！"

听完这番话，来"借"钱的人只好灰溜溜地走了。

有些人借钱时喜欢虚张声势，不会承认自己没钱，而是声称自己很有钱，只不过暂时拿不到，因为"急用"，让你暂且"借"一下。面对这种人，你不妨可以根据自己掌握的信息，毫不客气地揭穿对方的老底，让对方无法再蒙骗过关。

2. 提高警惕，辩驳对方

老李的一个朋友来找老李借钱，说生意势头很好，只是本钱比较紧张，希望老李能借2万元作为本钱，并声称每月的利息高达1000元。

老李是个处事稳重的人，他觉得如此高的利息确实诱人，但利息越高可能风险也越大，于是他心里开始琢磨这事的可信性。他问对方："你借我2万元本钱，一年可挣回多少利润啊？"

"5000元。"没做准备的对方信口开河，接着又说："1年期满后我连本带利分文不差归还！"

这下老李严肃起来，辩驳道："你向我借这笔钱，一年的利息高达 1.2 万元，而你利用这笔钱仅能挣 5000 元利润。那么，你是专程来让我挣利息的还是在为你自己做生意的？"

老张的辩驳让对方哑口无言，只得狼狈而逃。

有些人专会利用大多数人想以钱生钱的发财心理，假借"高利"的幌子向朋友"借"钱，实则是在骗钱。如果你碰到了这种人，一定要头脑清醒、提高警惕，在心中盘算盘算事情的可信度，当场辩驳了对方，就会让他的诡计落空。

3. 索债转移，吓退对方

老张一个朋友不期而至，说是要借 1 万元钱去做点生意，老张不想把钱借给他。于是说："你来得正好！云飞公司欠我半年的工资，咱们一起去要，要回来你拿去用就是了！"紧接着又说："不过，那家公司老板是个泼皮，还养着一群保镖打手，不讲理得很呢！"

老张的朋友闻之色变，主动托故离去。当有人向你借钱，你又不好意思直接拒绝的话，不妨试试这"索债转移"的技巧，不是你不把钱借给对方，而是给向你借钱的设置了一个帮你把债务讨回来的前提条件，让对方知难而退。这样，不仅给了对方面子，又不会使自己吃亏。

面对过分的玩笑你该如何应对

玩笑开得过分时，气氛往往会变得比较尴尬或紧张，这种情况下，很多人还是希望能保持住自己说话的风度。那么，该如何应对这种过分的玩笑呢？你可以选择下面的方法作为参考，以便顺利走出困局。

1. 借题发挥

某业余大学中文班开学第一天开了个座谈会。首先，学员们一个个做自我介绍。当轮到来自农村的牛力时，他刚说了句："我姓牛，来自乡下。"不知谁小声说了句："瞧，乡下小牛进城喝咖啡了！"一下子，许多人都笑起来了。牛力先是一愣，但很快就镇定下来，说道："是的，我是来自乡下的小牛。不过，我进城是来'啃'知识的，以便回乡下耕耘。我'吃的是草，挤出来的是奶'。我愿做家乡的'孺子牛'！"

话音刚落，大家热烈地鼓起了掌，为牛力精彩的讲话喝彩。牛力顺着那位同学过分的玩笑话，引用鲁迅的名言，不但摆脱了尴尬的场面，而且表明了自己做人的准则，为自己赢得了喝彩。

当有人对你开的玩笑带有一定的侮辱性质，而开玩笑的人又不是恶意刁难你的时候，如果你能顺着对方的话，再借题发挥一番，反而把他的话变成你用来夸奖自己的话，可谓是一种最机智的选择。这样既能避免自己的难堪，又不至于把关系弄僵。

2. 诱敌上钩

集市上，几个小贩摆着麻袋和秤杆，等着收购农民拿来的山货。一位老农民来到一个商贩面前，诚恳地问："老弟，灵芝菌一斤多少？"老农的本意是问一斤灵芝菌能卖多少钱，小商贩见老农两手空空，以为他是问着玩玩的，就想开他的玩笑，开心开心。小商贩于是答道："一斤是十两，你连这都不懂？"旁观者们哄笑起来，使得老农很尴尬。不过他略一定神之后，开始反问小商贩："你做多久生意了？"

小商贩随口答道："10年了。"

老农哈哈一声，脸露讥笑地说："亏你还是个生意人，人家问你多少钱你却回答多少两。我看你像个老生意人，才这么问的，哪里知道你连'钱'都不懂，唉……"

老农故意拖长声音，这回轮到小商贩被人哄笑了。

当有人纯属恶意地开你的玩笑时，你当然需要毫不客气地回敬，诱敌上钩就是其中的一种技巧。你要逐渐诱惑对方进入你语言的"陷阱"，在适当的时候，就反戈一击，让对方自讨其辱。

3. 反唇相讥

生活中出现一些尴尬的局面，完全是由于别人的玩笑引起，如果你隐忍退让，只会被人看扁；如果针锋相对，又会把事情搞僵。这时不妨采用反唇相讥的办法，把对方开自己玩笑的话返回到他自己身上去，从而为自己争取主动。

面对无理要求时如何说

面对无理要求时，盲目答应当然不行，但是一概地严厉拒绝，也非最佳解决问题之道，下面的两种解决方式可以使你既能拒绝对方，又能不惹恼他，是处理这种难题的首选。

1. 略地攻心，让对方主动放弃

一位老师的弟弟因为一场纠纷，被人告上了法庭，而接案的法官恰恰是她昔日的得意门生。一天晚上，这位老师前往学生家，希望他能念在师生的情面上，帮帮她弟弟。法官显然有些为难，既不能徇私枉法，又不能得罪恩师。于是，他说："老师，我从小学到大学毕业，您一直是我最钦佩的语文老师。"

老师谦虚地说："哪里哪里，每个老师都有他的长处。"

法官接着说："您上课抑扬顿挫，声情并茂。尤其是上《葫芦僧判断葫芦案》那一堂课，至今想起来记忆犹新。"

语文老师很快就进入角色了："我不仅用嘴在讲，也是用心在讲啊。薛蟠犯了人命案却逍遥法外，反映了封建社会官官相护、狼狈为奸的黑暗现实。"

法官接着感叹："记得当年老师您讲授完这一课，告诫学生们，以后谁做了法官，不要做'糊涂官'，判'糊涂案'，学生一直以此为座右铭呢。"

本来这位语文老师已设计好了一大套说辞，但听到学生的一番话，再也不好意思开口了，自动放弃了不合理的请求。这位法官用的就是"略地攻心"的技巧，先用一句恭维的话，填平了老师的自负，终拒人于无形之中。

2.用"类比"反驳对方

一家公司的经理在一次业务谈判中，受到了另一家公司业务员的顶撞。为此，他气冲冲地找到另一家公司的经理，吼道："如果你不向我保证，撤销上次那个蛮横无理的工作人员的职务，那么显然就是没有诚意和我公司达成协议！"

这家公司的经理听了微微一笑，说："经理先生，对于工作人员的态度问题，是批评教育还是撤职处理，完全是我们公司的内部事务，无需向贵公司做什么保证。这就同我们并不要求你们的董事会一定要撤换与我公司工作人员有过冲突的经理的职务，才算是你们具有与我公司达成协议的诚意一样。"

先前怒气冲冲的经理顿时哑口无言。在这里，后一家公司的经理就巧妙地运用了类比的技巧。虽然说这两家公司有很多不同之处，但有一点却是相似的，即两家公司对工作人员或经理的处理完全是各公司的内部事务，与和对方有没有诚意合作无关。该经理就是抓住了这一相似点做类比，从而敬告了对方所提要求过分和无理，表达了对其态度蛮横的不满。

当别人打探你的隐私时该怎样说

隐私本是一个人内心深处的不愿被别人知道的东西，但是在人际交往中，有些人总是会有意或无意地触及别人的隐私。不管问的人动机如何，一旦被问的人回答不好，很有可能会产生一些不良的后果。那么当你面对被问及隐私时该怎样回答呢？下面的几种方法不妨一试。

1. 答非所问

菲律宾前总统科拉松·阿基诺夫人，在出席一次记者招待会时，记者问她有多少件旗袍礼服，科拉松·阿基诺夫人不假思索地回答："我所有的旗袍礼服，都是第一流服装设计师奥吉立德罗为我设计的。你知道吗？她经常向我提供最新流行的服装样式。"

别人问数量，她却回答是谁设计的，这样回答明显地属文不对题，然而，那位记者却知趣不再追问了。

2. 似是而非

有一位女名人准备与一位考古学家结婚，朋友问："你为什么会选择考古学家？"她一本正经地回答："对一个女人来说，选择考古学家做丈夫是最明智的选择，因为这样一来，她就不用担心衰老，考古学家对越古老的东西越感兴趣。"

似是而非的回答往往让那些爱探听隐私的人无功而返，它的奇妙之处就在于听上去你像是在回答对方的问题，但其实并不是对方想要的答案。

3. 绕圈子

世界著名男高音歌唱家帕瓦罗蒂不愿把自己的体重公开，于是，当有人问他现在体重多少时，他说："比过去轻。"再追问他过去多重时，他说："比现在重。"他用的是和对方绕圈子的技巧，绕来绕去，最后对方还是什么信息也得不到。

4. 否定问题

著名影星，孙悟空的扮演者六小龄童，在一次记者招待会上，有一位记者问他："当初谈恋爱，你和于虹谁追的谁？"六小龄童回答："到底谁追谁，有那么重要吗？我们都没有想过要'追'对方，因为不是在赛跑，一个在前一个在后，我们是夜色中的两颗星星，彼此对望了几个世纪，向对方眨着眼睛，传递着情意。终于有一天，天旋地转，我们就像磁石的两极碰到一起，吸在一起了。"

六小龄童根本就没有回答对方的问题，而是一开始就否定了对方问题的前提，即认为两人谈恋爱不一定是一方主动追另一方，随后便对两人的爱情做了一个浪漫、精彩的比喻。这样既回答了记者的提问，又没有透露自己的隐私。生活中，有人打听隐私，这不失为一个好办法，从一开始就否定对方的问题，自然也就不用按照他的提问来回答了。

5. 直言相告

有一位女士因公出差，在火车上和旁边的一位看起来挺有涵养的男士交谈起来。谁知，谈着谈着，男士突然话题一转，问了一句："你结婚了吗？"

女士一听顿时心生厌恶，于是她态度平和地对那位男士说："先生，我听人说过这样一句话，前半句是'对男人不能问收入'，所以我一直没打听你的收入；后半句是'对女人不能问婚否'，所以你这个问题我是不能回答了。请你原谅。"

有时候，对方打听你的隐私时，你可以开门见山，指出对方问话的不当，直言相告，表达自己的不满。

不正面回答问题

对难以回答的问题，可以采用以下方法。

1.糊涂一点最聪明

对于一些敏感性问题，提问者一般不直接就问题的本质提出质疑，而是从其他貌似平常的事物着手，旁敲侧击地进行诱导性询问。这是假装糊涂的最好时机，这时，我们可以故意装作不懂对方的真正用意，而站在非常表面的、肤浅的层次上曲解其问话，并将这种曲解强加给对方，使对方意识到我方的有意误解实际上是在表达委婉的抗议和表示回避，从而识趣地放弃自己的追问。很多名人都擅长装糊涂来巧妙摆脱对方的纠缠。

在一次记者招待会上，外国记者别有用心地问王蒙："请问，20世纪50年代的你与20世纪80年代的你有何相同与不同？"这里，这位记者的用意是路人皆知的。

王蒙当时也十分清楚。他不慌不忙地抬起头，从容不迫地回答道："20世纪50年代的我叫王蒙，20世纪80年代的我也叫王蒙，这是相同之处；不同的是，那时我20来岁，而现在我则有50多岁了。"

记者的提问只给出了年代限定的范围，王蒙虽然知道对方是想借机让他谈一谈对中国国内形势改变的感受，但是却故意装糊涂曲解对方的本意，只是从自己年龄变化的角度作答。这个回答虽然也算是"合格"，但实际上没有真正给对方任何有用信息，令其大失所望。

2. 巧用模糊语言

德国大哲学家康德在 18 世纪就说过："模糊观念要比清晰观念更富有表现力。

我们并不总是能够用语言表达我们所想的东西。"到 1965 年美国数学家查德从科学意义上研究了"模糊"这个概念，使人们对数学中模糊性与精确性的关系取得新的认识，他认为：任何事物都在不断地运动、发展、变化中存在。其过渡的、中介的形态是难以绝对精确判定的；同时各个事物之间的相互联系、渗透、转化的形态，也是无穷多样，往往是亦此亦彼的，所以事物只有在它的中心是明晰的，它的周缘地带都是模糊的。这一观点被现代语言学家所接受，形成模糊语言学。

鲁迅讲过一个故事：一户人家生了个男孩，全家高兴透了，满月的时候抱出来给客人看，有的说："这孩子将来要发财的。"说的人得到一番感谢。有的说："这孩子将来要做官的。"说的人得到了几句恭维话。有的说："这孩子将来要死的。"说的人一定会得到大家合力的痛打。说要死的必然，说富贵的说谎，但说谎的得好报，说必然的遭打。那么既不愿骗人，也不愿遭打，就只能说："啊呀！这孩子呵，您瞧！哈哈！"鲁迅这里讲了模糊语有时出于情势所迫，无法说真话，就只能打哈哈。而从我们这里来看，打哈哈也包含了幽默机智的情趣。这就是我们要讲的模糊语言法。

所谓模糊语言法就是指在能够把话说得更确切一些的情况下，故意采取模糊表述，以回避一些不便回答的问题，打马虎眼，使对方摸不清虚实。

楚灭秦时，楚怀王分兵两路，东路由项羽率领 70 万兵马，西路由刘邦率 10 万兵马，同时向关中进发，事先约定：谁先进关谁为关中王。

结果刘邦先进关中，项羽自恃兵多势众，不服刘邦，欲设计害之。项羽自尊为西楚霸王，封刘邦为汉王，打算让刘邦到南郑去。谋士范增极力反对，他说："那地方内有重山之固，外有峻岭之险，让刘邦去，岂不是放虎归山？"

项羽反问："那有什么办法杀他呢？"

范增献计说："等刘邦上朝，大王问他：'寡人封你到南郑去，你愿不愿去？'如果他愿去，你就说：'我早就知道你愿去，那里是养兵练将、积草屯粮的好地方，养足了锐气好与我争天下，对不对？这就证明你有反我之心。绑出去杀了！'如果他不愿意去，你就说：'我知道你不愿去的，本来楚怀王有约在先，谁先入关谁为关中王，叫你去南郑，你怎么会愿意呢？既然不愿去，就是要在这里反我。与其如此，不如现在就把你杀了。来人，绑出去斩首！'想他刘邦难逃灭顶之灾了。"

一番话说得项羽连连点头称是。密谋之后，项羽便召刘邦上殿。

项羽是个有勇无谋、沉不住气的人，他一见刘邦，便迫不及待地问道："寡人封你到南郑去，你愿意不愿意去？"

刘邦见项羽问得这么急迫，不免心中纳闷。虽然愿去，但不敢表白，于是他回答说："大王啊，臣食君禄，命悬乎于君乎。臣如陛下坐骑，鞭之则行，收辔则止，臣唯命是听。"

刘邦这种模棱两可的话，完全出乎项羽的意料，他没听出刘邦到底是想去还是不想去。项羽只好说："你要听我的，南郑你就不要去了。"

刘邦连连拜谢说："是，臣遵旨。"

在上例中，刘邦就是巧妙地利用模糊语言救了自己的一条命。这里，范增利用"两难选择"，企图陷刘邦于进退两难、莫衷一是的境地，然后假名杀之，其计策真可谓刁毒。然而，刘邦则更为高明，他巧于心计，见项羽问得急，估计事出有因，于是运用模糊语言应对，并借此表白自己俯首听命于君，这就使项羽不知他心里想的是什么，无法确定他到底愿意还是不愿意去，当然也就不好杀他了。

表态时"是"或"不是"要少说

在实际的交往中，有时你可能处于主动地位，有时则可能处于被动的位置。在被动情况下接受对方的提问、质疑时，如何回答、如何表态就成为一个十分关键的问题，稍有不慎，就会造成误解、泄密或其他不良后果。这时，最好的办法就是避免表态。但是，直率地拒绝表态是失礼的、不当的。正确的办法应该是：表态时尽量避开说"是"或"不是"，既要避开表态，同时又不能有损对方的面子，破坏双方交谈的气氛，还要在公众面前树立起良好的个人形象。常见的避开表态的方法有以下两种。

1. 话题转移法

20世纪70年代的中东战争中，基辛格率领美国代表团前往埃及与萨达特总统进行和平谈判。会谈一开始，萨达特说了几句寒暄话以后，就让基辛格看一下计划。

然后，萨达特吸了一口烟，征求基辛格的意见，要他表态。

根据这个计划，以色列须大范围撤离，这是难以办到的。基辛椟不能表示同意这个计划。但是，会谈刚刚开始，而且美埃两国自战争以来才刚刚开始接触，这时表态拒绝这个计划也是不明智的。那么，可不可以表态说"让我们就交换条件谈谈吧？"也不行，在双方没有任何基础的时候来谈这个各方都难以让步的棘手问题，也将是危险的。这时，基辛格就使用了话题转移法。基辛格说道："在我们谈论手头的事务以前，可否请总统告诉我，你是怎样设法在 10 月 6 日那天如此成功地发动了那次令人目瞪口呆的突然袭击的？那是个转折点，我们现在所做的事，从某种意义上说，是这个转折点的必然结果。"

萨达特眯着眼睛，又吸了一口烟，他微笑了。于是他放弃了要基辛格表态的要求，而是应基辛格的要求讲述起来。基辛格之所以能成功地避免表态，是因为他采用尊重对方的方法来转移话题。基辛格主动问起那件事是恭维萨达特，确立他的谈判地位，证明他不是从软弱的地位出发来进行谈判的，他不是一个低声下气的人，他已为埃及取得了谈判的权利。总而言之，他恢复了埃及的荣誉。

2. 玩笑回避法

会谈结束后，萨达特和基辛格两人会见了记者。一名记者问萨达特："总统先生，美国是不是从现在起不再给以色列空运军用物资了？"

"你这个问题应当向基辛格博士提出。"萨达特回答道。虽然此时他已十分清楚地知道空运即将结束，但他还是进行了回避。

基辛格立即说："幸亏我没有听见这个记者问的是什么问题。"

对于空运是否即将停止这个敏感的机密问题，双方都出于保密原因而进行回避，但萨达特用的是转移视线，而基辛格用的则是"打哈哈"，即说笑回避。在当时情况下，这两种方法都是有效的。

　　因此在遇到一些棘手的事，需要你表态时，要尽量避免用"是"或"不是"这样的绝对性字眼，而要采取措施转移或回避表态。